LAURO TREVISAN

Faça da Crise o Seu Sucesso

3ª Edição
2013

Editora e Distribuidora da Mente
Santa Maria – RS – Brasil

Faça da Crise o Seu Sucesso
3ª edição atualizada - 2013

Capa: Andrey Lamberty

T814f Trevisan, Lauro
Faça da crise o seu sucesso / Lauro Trevisan – Santa Maria : Mente, 2013.
200p.

ISBN: 978-85-7151-052-4

1. Criatividade 2. Pensamento positivo 3. Psicologia 4. Autoajuda 5. Motivação I. Título

CDU 159.947.2

Ficha Catalográfica elaborada pela Bibliotecária Eunice de Oliveira – CRB 10/1491

Editora e Distribuidora da Mente Ltda.
Rua Tuiuti, 1677 – Caixa Postal: 559
97015-663 Santa Maria/RS – Brasil
Fone: (0xx)55. 3223.0202 -
Fax: (0xx) 55 3221.7184
Email: mente@editoradamente.com.br
Email do autor: laurotr@uol.com.br
Site do autor: www.laurotrevisan.com.br
Site Editora da Mente: www.editoradamente.com.br

Quando os generais de Aníbal lhe avisaram que não havia caminho para o seu exército atravessar os Pirineus e os Alpes, Aníbal respondeu:

-Se não há caminho, abriremos um.

Não há caminho aberto para vencer a montanha da crise? Perdeu o emprego? A empresa anda de arrasto? O dinheiro sumiu? Os negócios estão parados que nem água de poço? A crise invadiu os domínios do seu casamento e da sua vida pessoal?

Ouça o brado de Aníbal:

- Se não há caminho, abriremos um!

Então, em frente!

****

Enquanto muitos fecham os olhos
de medo da situação,
outros abrem bem os olhos
à procura dos vazios
deixados pelos que desistem

****

1

Crise?

Aonde quer que você vá, lá estão eles gritando a plenos pulmões que o mundo está em crise, a humanidade perdeu o rumo, o desemprego campeia à solta, a camada de ozônio se foi para lugar ignorado e não sabido, o dinheiro sumiu, os bancos aumentaram os juros, o governo está tentando livrar-se da hecatombe com aumento de impostos, as empresas se recolheram à sala dos fundos, os investidores foram dormir e o planeta vai acabar dentro de seis meses. A imprensa rola e deita em cima do assunto, entrevistando analistas que colocam óculos escuros e fazem prognósticos pessimistas. Eles, no entanto, asseguram que são realistas e jogam números e listas sem fim apontando para a catástrofe iminente.

Os veículos de comunicação comandam o espetáculo e cada qual procura economistas e professores que apontem para a hecatombe final, pois aí aumentam os leitores. De mais a mais, há uma pontinha de masoquismo e sadismo nas pessoas que se nutrem de péssimas notícias, desastres, mortes, infortúnios e falências. Para essas pessoas, quanto pior, melhor. E não se fartam de contar a todo mundo o que ouviram, sempre acrescentando cores mais deprimentes e dantescas.

E, de tanto ouvir falar em crise, você acabou por pensar que está num beco sem saída, acuado por tigres de um lado e leões famintos do outro. O bombardeio é tão maciço que, se a televisão avisa que você acaba de morrer, é capaz de correr ao cemitério para saber onde fica sua sepultura.

Calma. O diabo não é tão feio como se pinta - diz o velho ditado. Mais do que isso, o diabo não existe.

Às vezes, a imprensa e a política conseguem desencadear avalanches. Não raro, o povo explode greves ou revoltas que levam tudo de roldão. O gaúcho fala em estouro da boiada. Há situações reais, há situações intencionais e há situações cujo pânico iniciou por algo inexpressivo, avultado pelo pavor. Em tudo, é fundamental que você tenha calma, pare, olhe, escute, veja o tamanho da vaca no brejo, adeque sua estratégia e tire proveito do momento.

- O quê? Não existe crise mundial, nem nacional, nem local? - exclamará irritado você, que perdeu o emprego há dois meses. - Todo mundo caiu em paranoia? Só você está de passo certo?

EXISTE CRISE E NÃO EXISTE CRISE

Olha, meu caro, duas coisas quero lhe dizer: existe crise e não existe crise. Pare de resmungar, e siga a leitura.

Existe crise. A boa crise. A importante crise. A vida é um suceder-se de crises, todas elas necessárias e benfazejas: seu nascimento foi um processo de crise; aprender a andar, outra situação que demandou bastante tempo e muitas quedas; começar a falar foi aprendizado de anos; seu primeiro dia de aula gerou uma crise daquelas, pois desestabilizou sua vidinha ao lado da mãe; os exames escolares até a formatura, mais um período de dificuldades sucessivas; seu primeiro emprego, outra crise; a primeira residência, a primeira geladeira, os primeiros móveis e utensílios, o primeiro carro, o primeiro negócio, o primeiro namoro, a primeira menstruação, o casamento, a separação, a nova experiência... E você ainda está espantado com o que acontece por aí? Fica dormindo à sombra da crise? Tire essa palavra do seu dicionário e fale em lições essenciais de vida.

Tudo faz parte de aprendizados. Caia sete vezes, levante-se oito - diz o provérbio japonês. Nada mais normal do que subir degrau por degrau, acreditando sempre no caminho. E cada escalada depende do seu querer e do seu esforço motivado para um fim melhor e maior.

CRISE É TENSÃO POSITIVA

Crise poderia ser sinônimo de tensão. Cada movimento gera tensão física, mental, emocional e espiritual, e toda tensão é benéfica, pois se trata do aporte de energia para alcançar um objetivo.

****

Caia sete vezes, levante-se oito – diz provérbio japonês.

****

Se você vai atravessar a nado um rio, terá que se decidir a enfrentar as águas, a correnteza, a distância, para chegar à outra margem. Chegou? Parabéns, venceu a crise, ou seja, o obstáculo, graças ao "tensionamento" que aportou energias para os braços e pernas, principalmente.

Para os que estão acima das aves de mau agouro

e dos pessimistas que se arrogam a prerrogativa de serem realistas, tudo na vida faz parte normal e saudável do caminho e da caminhada. Esses ditos realistas usam todos os argumentos para explicar o que vai acontecer e depois usam todos os argumentos para explicar porque não aconteceu.

Diz-se por aí que o otimista vê em cada calamidade uma oportunidade e o pessimista vê em cada oportunidade uma calamidade. O pessimista anuncia que, do jeito que vão as coisas, daqui a uns tempos, para não morrer de fome a gente terá que comer terra; o super-pessimista acrescenta: "E não vai ter pra todos!"

****

Se você acha que existe crise, festeje-a. É sua grande oportunidade.

****

A pior coisa que pode lhe acontecer é dar ouvidos aos pessimistas e negativos. O prazer deles é pôr água fria na fervura e poeira no seu ventilador. Saia de perto dessa gente, que só sabe dizer: "Não vai dar certo!" "Você não tem capacidade!" "A crise matou todas as expectativas". "Todo mundo vai ficar desempregado!"

Crise é sinônimo de criatividade. Se a escada rolante parou, use as pernas. Se há uma pedra grande no seu caminho, retire-a, ou passe pelo lado, ou por cima. E, se for o caso, pense numa forma de aproveitar a pedra para ganhar dinheiro.

No outro dia, ouvi, na televisão, a história do homem que perdeu o emprego, a família não quis saber de passar necessidade e foi embora, foi despejado da casa por falta de pagamento do aluguel, e o homem se viu só na vida. Alugou um quartinho, começou fazendo um pãozinho no forno e passou a vendê-lo por aí. Vendeu tantos pães que alugou uma casa, depois abriu uma padaria e hoje tem quatro padarias progredindo graças à sua criatividade.

Depois de 15 anos dirigindo a Editora Rainha e várias revistas, tanto a editora quanto as revistas foram transferidas para Porto Alegre e eu permaneci em Santa Maria, na estaca zero. Na estaca zero não, pois permaneci com vasto cabedal de conhecimentos e experiências. Poderia ter caído em mágoa e desânimo, arranjando mil argumentos para me fazer de vítima e xingar a falta de reconhecimento. Nada disso. Sabia, graças aos estudos sobre poder da mente e atitude positiva e otimista, que tudo concorre para um bem maior e melhor, se assim a pessoa pensa e acredita. Pois, para encurtar a conversa, foi devido a esse episódio desestabilizador da minha vida, que hoje estou escrevendo este 60º livro, sendo dono da Editora da Mente, da Livraria Cultural da Mente e do Teatro Santa Maria. Depois desta obra, já lancei mais 8 livros até 2010; e percorri, por vários anos, o Brasil e alguns países para jornadas sobre o Poder da Mente.

Nada mais importante e benéfico do que a crise.

Li, há tempos, um email que contava o seguinte: "Albert Einstein não sabia falar até os 4 anos de idade e só aprendeu a ler aos 7. Sua professora o qualificou como "mentalmente lerdo, não-sociável, e sempre perdido em devaneios tolos". Diz ainda o email que ele teria sido expulso da escola e não foi admitido na Escola Técnica de Zurique. O astro Michael Jordan foi cortado do time de basquete da sua escola. Os pais do famoso cantor italiano de ópera Enrico Caruso queriam que ele fosse engenheiro já que seu professor avisou que ele não tinha voz e jamais seria um bom cantor. Louis Pasteur foi aluno medíocre na escola. Dentre 22 colegas, situava-se em 15º lugar. Ao recusar um grupo de rock inglês, chamado The Beatles, um executivo da Decca Recording Company disse: "Não gostamos do som. Esses grupos de guitarra já eram". Quando Alexander Graham Bell inventou o telefone, em 1876, não conseguiu financiadores para o aparelho. O décimo nono Presidente dos EUA, Rutheford Hayes, (1822-1893), disse: "É uma invenção extraordinária, mas quem vai querer usar isso?"

Existem crises, mas são impulsos positivos para os que enxergam um palmo além do nariz. O que eu quero dizer é que todas as situações demandam criatividade, energias especiais, determinação, persistência e visão de futuro. Assim, crise é igual a progresso. E progresso é igual a sucesso.

NÃO EXISTE CRISE

Estou propenso a ser do contra e dizer que não existe crise nenhuma. Repito: não existe crise e sim mudanças, desafios, novos rumos, novas oportunidades, novos modelos, novas tendências.

****

Crise é um belo fenômeno de mutação.

****

A vida está em constante mutação, a natureza também, o clima nem se fala, a humanidade de hoje não é igual à da Idade Média e nem é a mesma de cinquenta anos atrás. Por que então essa visão lúgubre a respeito das situações inusitadas e imprevistas pelas quais passamos? Inusitadas e imprevistas, nem tanto.

Aquilo a que chamam de crise é arranco para

frente. Como é impossível ficar parado onde se está, porque falta chão, nada mais inteligente do que dar um passo à frente, sem medo do desconhecido, com o arrojo do empreendedor, do conquistador, do descobridor. Todas as grandes mudanças aconteceram por força da necessidade premente. Dizem que foi a necessidade que fez o sapo pular.

Que seria do mundo se jamais acontecessem crises? Estaria parado no tempo e no espaço.

Que seria de você se não fosse impelido por um forte desejo de avançar, progredir, e alcançar a realização do seu desejo?

Os obstáculos fortalecem a têmpera e geram forças para ultrapassá-los.

Os desafios são acenos irresistíveis para os empreendedores. Quando dois amigos e eu resolvemos escalar o pico do Marumbi, na Serra do Mar, o guarda da pequena estação ferroviária de Marumbi tentou dissuadir-nos, dizendo que não tínhamos condições nem conhecimentos necessários para a escalada. E passou a relatar-nos episódios de grupos que se perderam na imensidão da Serra do Mar, só conseguindo retornar quando batalhões de buscas os resgataram. Nada nos deteve. Disse-lhe:

- Estamos aqui para chegar ao topo e é o que vamos fazer!

Enfrentamos várias peripécias, mas alcançamos nosso intento. E voltamos sãos e salvos.

O fundo do poço é o melhor lugar para subir na vida, pois é impossível descer mais abaixo.

Na crise, você cresce ou adoece. Prefira crescer. Água parada não toca moinho - diziam os antepassados.

Muitas pessoas se afogam literalmente no mar

das perdas, do infortúnio ou da desgraça. Talvez você faça parte do número desses indivíduos desesperados, e agora esteja chorando rios de lágrimas, sentindo sua honra abatida, sufocado de vergonha, passando noites indormidas, e querendo acabar com essa vida sem sentido. Que besteira! Crie juízo! Que solução idiota essa de se meter em paletó de madeira para escapar a um momento difícil. Por favor! Deixe de ser ridículo! Sua vida vale mais que suas dívidas. Bilhões de pessoas passaram pelos mesmos infortúnios e hoje estão lá em cima. Bilhões de pessoas, caídas no nada, resolveram começar tudo de novo. A solução mais idiota é querer que metam terra por cima de você. Esse atributo pertence a Deus. Levante

****

Na crise, você cresce ou adoece.
Prefira crescer. Água parada não
toca moinho - diziam os antepassados.

****

a cabeça e trate de estudar estratégias para sair do buraco. Aconselhe-se com amigos e pessoas habilitadas. Corra para o consultório de um psicólogo ou psiquiatra. Apele para Nossa Senhora Desata Nós, para Santa Rita dos Casos Desesperados, para Santo Expedito, para Jesus Cristo que fez aparecer dinheiro até na guelra de um peixe. E pare de desandar a maionese. Pense positivamente, seja otimista, e logo, logo, o vento mudará a seu favor. Por enquanto, a melhor coisa que pode fazer para superar essa fase da vida, é prosseguir a leitura.

A crise faz você descobrir sua grandiosa dimensão de ser humano, porque o lembra que é inteligente, tem força de superação, tem arroubos de entusiasmo, tem o poder da fé que move montanhas e tem inesgotável capacidade criativa.

****

Enquanto muitos fecham os olhos
de medo da situação,
outros abrem bem os olhos
à procura dos vazios
deixados pelos que desistem.

****

Enquanto muitos sentam à beira do caminho até a crise passar, outros entram no barco da história e aproveitam a onda das inovações.

As mudanças que ocorrem ao longo de todos os dias oferecem as melhores condições para os despertos e para os que estão no lugar certo, na hora certa.

Dizia um letreiro na porta de um escritório: "Até um pontapé no traseiro faz você ir para frente".

Esta é sua grande chance: ponha os arreios na crise, cavalgue-a, e a faça conduzi-lo ao seu grande destino.

CAUSAS DA SUA CRISE

Enquanto você ficar travado no passado, viverá eterna crise negativa. O pior mal que pode acometê-lo é render-se a um episódio qualquer de feitio negativo.

Enquanto você der atenção ao fato que lhe trouxe prejuízos, sua vida será um atraso indesculpável. Chorar o leite derramado não leva a nada e só impede a solução. Adquira outro litro de leite e pare de se lamentar. Além de tudo, aprendeu a segurar melhor o recipiente do leite. Progrediu em conhecimento e experiência.

Rabindranath Tagore, (1861-1941), escritor, músico, espiritualista e pintor indiano, escreveu: "Se fecha a porta a todos os erros, a verdade também ficará de fora."

Erre à vontade, mas faça dos erros sua melhor escola.

Enquanto você se queixa da empresa que o despediu, seja lá por que motivo for, está perdendo tempo precioso de encontrar novos caminhos. Ao invés de ficar magoado e maldizer o chefe que o demitiu, acredite que a vida está abrindo novos e melhores caminhos e, para tanto, está usando a cabeça estressada do seu diretor de pessoal. Grande parte das pessoas progrediu exatamente porque foi mandada embora, caso contrário estaria vivendo anos e anos na mesmice. Encare a perda do emprego não como desgraça e sim como chance de encontrar o melhor para si.

Seja positivo, aceite que as coisas acontecem na hora certa, como devem acontecer. Talvez você pense que sou fatalista, mas apenas estou dizendo para apanhar o limão e fazer com ele uma limonada.

No desemprego, você tem belas oportunidades de se especializar na profissão que gosta, fazer cursinhos, consertar torneiras, pisos, calçadas, armários, roupeiros, dobradiças, lustres da sua casa, e até de fazer as férias que sempre foi adiando.

Também lhe sobrará tempo para meditar sobre sua vida, seu desempenho, as causas pelas quais foi demitido, seu relacionamento com os filhos, esposa, marido, e, inclusive, ficará mais à vontade para participar dos cultos da sua igreja. E, ainda, poderá pôr em dia as leituras que ficaram para depois.

DESEMPREGADO, CHEGOU A SUA VEZ!

Precisa trabalhar? Muito bem, barco parado não ganha frete. Agora, já com essa nova bagagem de conhecimentos e experiências, converse com pessoas que consigam dar-lhe alguma informação, ofereça seu currículo a empresas em que possa desempenhar com sucesso seu trabalho e faça visitas pessoalmente àquelas que apresentarem alguma perspectiva.

Seja inteligente. Burrice não tem vez nesse mundo maravilhoso. Também, só vai piorar a situação se você inflar o tamanho dos seus conhecimentos e da sua especialização para impressionar o contratante. No tempo em que recrutava pessoas para trabalharem comigo na Editora, o que mais me aborrecia era ter que lidar com indivíduos metidos a espertinhos que diziam saber fazer isso, que tinham enorme conhecimentos daquilo, e, quando iam para a prática, não passavam de mentirosos, usando péssimo estratagema para cavar a vaga na empresa. Que coisa mais idiota!

REGRAS PARA CONSEGUIR EMPREGO

Pois bem, quando você vai em busca de emprego, ou melhor, de trabalho, atente para essas observações:

1 – Antes de se apresentar na empresa para entrevista de emprego, pesquise sobre a mesma. Procure saber o máximo sobre a organização na qual pretende trabalhar. Se possível, saiba sobre a filosofia de vida da empresa e o sistema de conduta adotado por ela.

2 - Seu traje seja condizente com o tipo de trabalho que pretende naquela empresa. Não exagere nem para mais e nem para menos. O todo de sua apresentação marcará ponto positivo ou negativo.

3 – Chegue na hora certa. Se chegar tarde, de pouco ou nada valerá dizer que morreu a avó, que furou o pneu do carro, que o despertador não funcionou.

4 – Seja educado, atencioso, simpático e respeitoso com a secretária. Há candidatos a emprego que entram arrogantemente e exigem que a secretária saia correndo

a avisar de sua chegada ao diretor de recursos humanos. Também não se meta a conquistador da secretária, pois dará péssima impressão sua "galinhagem".

5 - Na entrevista, saúde cordialmente o entrevistador, sorria simpaticamente, agradeça a oportunidade e apresente seu currículo. Jamais fale que está necessitando demais do emprego porque a crise está braba e tem que sustentar a família. Empresa não é instituto de filantropia.

6 - Não exagere seus conhecimentos e não diga que sabe o que não conhece. Se não sabe, demonstre o maior interesse em aprender imediatamente. Rende mais pontos do que mentir.

7 - Cuidado com os autoelogios. Podem ser contraproducentes. Se, por exemplo, disser que sozinho fez mais que todos os colegas do setor, pode significar que não gosta de trabalhar em equipe e que se orgulha de ser mais do que os outros. Quando a oferta é demais, o santo desconfia - diz tradicional provérbio. Seja sincero e realista.

8 - Querer saber sobre o salário já na primeira entrevista, pode ser perigoso. Aquele que começa perguntando "qual será meu salário e quais os benefícios decorrentes do cargo", está dando a entender que o dinheiro é mais importante que a atividade. Há os que começam dizendo alto e bom som: "Se não ganhar tanto, nossa conversa termina aqui mesmo". Isso não ajuda em nada. Comece por qualquer ponta e prove que tem capacidade de ganhar mais. Do couro sai a correia - diz a sabedoria. Com certeza, você perdeu o emprego anterior porque produzia menos do que ganhava, ou prejudicava a empresa, através de suas atitudes, mais do que acrescentava.

9 - Não é boa política criticar o empregador ante-

rior, chamá-lo de idiota, atrasado, incompetente, porque seu entrevistador pensará que um dia você dirá o mesmo dessa empresa e do seu empregador.

10 - Não chore suas mágoas e dores durante a entrevista, porque você não está em sessão de psicoterapia.

11 - Não seja tagarela. Não é hora de contar toda sua vida e os fatos que antecederam sua saída do emprego anterior. Poder de síntese vale muito.

12 - Se o entrevistador perguntar sobre suas principais qualidades, não se canonize, também não jure que não tem nenhum defeito, porque tudo que é exagerado é insignificante, dizia Taleirand.

13 - Então, boa sorte. E pé na estrada. Lembre-se que, se você oferece seu trabalho, existe alguém que deseja o seu trabalho. Vivemos num mundo de dualidade.

GUINADA DE CENTO E OITENTA GRAUS

A crise tem sido, para muita gente, uma bênção especial. Sem emprego, tiveram tempo de avaliar suas competências, seus gostos, seus conhecimentos, seus dons, seus desejos abafados, sua capacidade criadora e, de repente, deu-se o estalo: resolveram dar início ao empreendimento que nunca tiveram tempo nem coragem de dedicar-se a ele anteriormente. Dessa situação têm nascido empresas que hoje navegam nos mares da prosperidade. O escritor francês Honoré de Balzac, (1799-1850), escreveu que "Napoleão chamava a desgraça de parteira do gênio". Talvez seu prazer seja mexer na mecânica do seu carro nos sábados à tarde, como se fosse sua hora de lazer. Pois, não estaria aí seu futuro, agora que demitido? E se você sempre adorou fazer programas de computador, por que não se embrenhar num negócio em que possa abrir as asas desses conhecimentos para ganhar dinheiro? Sabe fazer lareiras, aprecia fazer queijos especiais, tem pendor para encadernar livros antigos? Aí não estaria uma forma de matar a crise e o desemprego? Diverte-se em lidar com cachorros, que tal oferecer seus préstimos para levar cachorros de outras pessoas ao parque? Enfim, o que quero lhe dizer é que sempre há espaços para você trabalhar e ganhar dinheiro. E naquilo que gosta.

Se você está trabalhando, mas tem um projeto para implementar, leve em consideração este conselho de um provérbio sueco: "Não jogue fora o balde velho até que você saiba que o novo segura água". Diz outro ditado que a pressa é inimiga da perfeição. Grandes indústrias começaram no fundo do quintal, enquanto o trabalhador exercia sua

****

Não jogue fora o balde velho até que você saiba que o novo segura água. Provérbio sueco.

****

profissão numa empresa. Quando viu que o "balde segurava água", passou a dedicar-se inteiramente ao seu projeto. Não tenha medo de crescer lentamente, tenha medo apenas de ficar parado – avisa um provérbio chinês.

OUTRAS CRISES

Além de crises econômicas, financeiras, de emprego, de vendas, de negócios, de produção, a vida às vezes oferece outras crises: conflitos de casamento, depressão, fracasso escolar, drogas, anorexia, bulimia, incompreensão, relacionamento entre pais e filhos, assim por diante.

Gosto de dizer que só existe o problema porque existe a solução. Casamento em crise não significa que o casamento nasceu turbulento, mas que agora está atravessando período tempestuoso. No começo da vida a dois, a paixão, o amor, o prazer da convivência, encobrem as diferenças. Tempos depois, sete ou oito anos, ou menos, o cérebro se acostuma com as circunstâncias prazerosas e libera menos oxitocina e endorfina, substâncias do prazer e da felicidade, então ambos se descobrem como são na realidade, com seus defeitos, cacoetes, estilo de vida, hábitos e excessos temperamentais. Surge a crise, que deixa de ser quando o casal conhece psicologia ou vai pedir ajuda psicológica. Basta sair do mundo da fantasia e encarar a realidade, para equilibrar o barco e fortalecer o amor e a convivência. Nesse momento, terão que desenvolver as qualidades essenciais a uma vida a dois: compreensão, respeito, alegria, criatividade, regras comuns para a vida em comum. Repeti a palavra de propósito. Há coisas infantis e ao mesmo tempo irritantes, como ele molhar em torno do vaso sanitário, deixar aberta a tampa do vaso, esparramar roupas pessoais pelo chão, deixar a escova de dente em qualquer lugar, não ajudar a lavar a louça, só querer ligar televisão para futebol; ela, por sua vez, pode se negar a fazer um cafezinho alegando que não é empregada,

****

Crises no casamento
são formas positivas
de polir a união
e dar brilho ao amor.

****

demorar demais ao se arrumar para compromissos conjuntos, não parar de perguntar se não está engordando e se o vestido assenta bem, subir pelas paredes quando está com TPM, não aceitar que a televisão saia das novelas e viver perguntando onde ele foi e por que não chegou antes em casa. Pode-se ver que aí existe tempestade em copo d´água. São situações, pela lógica e bom senso, muito fáceis de serem resolvidas. Não custa nada cada um contribuir para o bem dos dois nessas coisas tão comezinhas e simples. Mas, acontece que, na soma desses pequenos dissabores pontuais, pode surgir uma concentração de mau humor e desencadear raios e trovoadas, que são as acusações e ofensas incontroláveis. Aí surge a tentação de um ou outro ameaçar com separação, divórcio, e tudo mais que a raiva canta. Começa a névoa da mágoa. Atenção: Perigo! Nesse momento, o cérebro tem seu ritmo acelerado e passa a ser mau conselheiro. A mente está descontrolada, incapaz de boas decisões. Hora de refletir. Os

****

Quando o casamento fica encoberto
pela névoa do ressentimento,
acende-se a luz vermelha: Perigo!

****

dois começaram bem, se amaram tanto, fizeram tanto um pelo outro, e agora tudo parece despencar num abismo irreparável. Nesse ponto da crise, calma, calma, calma. Bom senso. Compreensão. Nenhuma medida rompante. Que volte o respeito, cujo segundo passo é a tolerância, que passa para o perdão, que passa para a vontade de reatar uma ótima convivência. Aqui vai muito bem a direção de um profissional de Psicologia. Não tenham medo de conversar com psicólogo e de investir em vocês e na relação. Afinal, o bom entendimento, a alegria da vida a dois que se propuseram e querem tanto, e as vantagens de se sentirem bem um com o outro, valem mais que a aquisição de um carro. Vale mais a vida do que ganhar o mundo inteiro – dizia o Mestre. Quando tomados de boa vontade, perceberão que as qualidades e valores de cada um são muito maiores do que os defeitos.

Gostaria de alertar para uma situação por demais desagradável e prejudicial, que pode ser decorrência de crise conjugal: a depressão. Faça de tudo para evitar essa tristeza emocional, pois as consequências são muito danosas para o deprimido e para os outros. Imagine como se sentirá seu marido se, além da crise, você ainda esfria seu território emocional e físico, perdendo a alegria de viver e a boa disposição. Caia fora dessa. Sua vida vale mais, sua felicidade vale mais, seu futuro vale mais.

Quando sua saúde mental e física estiver a perigo, abra os olhos, cultive belas amizades, faça um curso onde conhecerá novas pessoas, se achar bom participe de grupos de igreja, conheça amigas que adoram turismo, produza alguma coisa que gosta, comece um trabalho onde se sinta bem, dedique-se a algo positivo - mas fique longe da depressão. No momento em que se sentir nervosa, insone, magoada, crie ideias novas, ou vá logo a uma consulta psicológica. Assim, será muito mais fácil dar a volta por cima e até mesmo reconquistar seu marido.

Outro ponto de crise é o relacionamento entre pais e filhos. Essa é a ligação mais forte numa família. Filhos são tesouros intransferíveis. Valem todo o investimento que os pais fizerem por sua saúde, felicidade, educação e encaminhamento na vida.

****

Ex-marido e ex-esposa existem,
mas não ex-filhos.
São tesouros inalienáveis.

****

Na correria do mundo de hoje, quando a prioridade material faz o pai e a mãe se lançarem em busca do sucesso profissional e financeiro, pode o filho ficar à deriva e desencaminhar-se, já que não tem formação sólida, nem compreensão das consequências de seus atos. Muitas vezes, o filho fica à mercê dos amigos e, se forem viciados ou irresponsáveis, dá para se imaginar os resultados. Procurem os pais fazerem-se presentes na vida dos filhos, não só durante as refeições, ou para reclamar, mas também nas horas de brincadeiras, piadas, conversas agradáveis e positivas, nos passeios, esportes e turismos. Mostrem que cada filho é preciosidade inalienável.

Nos momentos em que o casamento esteja em crise, tornem muito claro para os filhos que eles são a primazia, o amor incondicional, a predileção maior. Reservem o fim de semana para compartilhar com os filhos. Acompanhem o andamento escolar e abram os olhos para detectar situações estranhas.

Podem ocorrer borrascas temperamentais, principalmente na adolescência. No auge do descontrole, o adolescente poderá gritar que odeia o pai ou a mãe. Não levem a sério. Em momentos de descontrole, palavra nenhuma tem significado de valor. Mais tarde, é importante saber por que houve aquela explosão contrária a todos os ensinamentos recebidos.

Quando o filho está desencaminhado, ou em vias, talvez grite para os pais, que querem saber aonde vai e o que vai fazer:

- Não se metam na minha vida!

Na verdade, foi o filho que se meteu na vida dos pais. E se intrometeu de maneira admirável, enviado por Deus. Foi aceito pelo pai e pela mãe, que tudo fizeram por ele, desde a gestação. Passaram noites insones, cuidaram da saúde, do bem-estar, da alimentação, do agasalho, da educação, enfim foi uma longa caminhada amorosa e cuidadosa. Ele, o filho, está sempre metido na vida dos pais, que o aceitaram com o mais profundo e inesgotável amor. É bom dizer isso ao filho.

No mundo de hoje, é preciso que os pais acompanhem o filho no dia a dia, com presença amorosa, muito amorosa. Não entreguem o filho aos traficantes, em hipótese alguma. Diante de qualquer crise, seja droga, desânimo escolar, gravidez, doença, sejam pais no pleno sentido da palavra.

Gravidez precoce da filha? Crise, na certa, mas compreendam os pais que errar é humano e que, mais do que nunca, agora a filha precisa do amparo e do carinho. Lembrem sempre a regra básica da atitude humana, ensinada pelo Mestre: "Faça ao outro o que deseja que o outro faça a você". Coloquem-se no lugar da filha, ou do filho, que entrou nessa.

No caso de droga - amor ao filho e atitude firme para a desintoxicação, o atendimento psicológico e o afastamento de maus amigos, até mesmo trocar de colégio, se for necessário. Sem afastar-se de drogados e traficantes, será difícil evitar a recaída.

****

Há momentos de crise,
mas você é maior
do que qualquer episódio.

****

Há outros momentos de crise, mas lembre-se que você é maior do que qualquer episódio. Nunca baixe a bandeira dos seus sonhos. Diga para si aquelas três palavrinhas que fazem milagre: "Isso também passará!" Logo aí, na outra esquina, sua vida vai encontrar o caminho do sucesso, do amor e da prosperidade.

Abençoe os ensinamentos da crise e vá em frente rumo ao sucesso, que o espera de braços abertos.

Você foi feito para o sucesso, esse é seu destino grandioso. Tudo o mais que acontece é degrau na escalada do topo.

Antes de tudo

LIMPE O

TERRENO

PARA

O SUCESSO

2

Limpe o terreno

Antes, antes mesmo de tudo, você precisa acreditar fervorosamente que pode ter sucesso e que ele está à sua espera. E, ainda, que o sucesso atingirá o tamanho que você quiser.

Quando você vai construir uma casa, tratará de limpar o terreno, retirando os obstáculos que o tempo e a vida aí depositaram. Uma vez preparado o espaço, tem lugar a construção, em bases sólidas e apropriadas. Os fundamentos serão colocados de acordo com o projeto e as necessidades do local. Assim você fará na sua vida, ao iniciar a construção do seu sucesso. Para assentar bem o seu projeto, comece limpando a área, ou seja, retirando as ervas daninhas, o lixo, o material deteriorado, os empecilhos, que se acumularam ao longo do tempo.

FIM PARA O NEGATIVISMO

O primeiro obstáculo que está aí atrapalhando a

construção do seu grandioso projeto é o negativismo.

Muitos acreditam que pensar positivamente seja difícil, otimismo seja impossível, realizar projetos seja complicado, e ter sucesso seja utopia. Dizem que tudo é difícil e o caminho é íngreme e pedregoso. Completam a ladainha negativa se queixando de que a vida é madrasta, que tudo leva ao descaminho e que, no fim das contas, o saldo é fracasso, dívida e sofrimento. Nada mais equivocado.

É muito comum as pessoas criarem chavões negativos e repeti-los a todo instante. Ora, com uma programação mental dessas, acontece necessariamente o resultado nefasto.

Quanto mais você repete, mais se solidifica a mensagem, mais próxima estará da materialização.

****

Pensar é ser.
Seus pensamentos
determinam sua vida.

****

Lembre-se que a repetição é método forte e infalível para gravar qualquer mensagem no subconsciente. Como tudo que se grava no subconsciente, acaba acontecendo, imagine o que você está arrumando para sua vida.

Escreveu, certa vez, James Allen (1864-1912), escritor inglês, autor de 19 livros sobre o poder do pensamento positivo para atrair fama, fortuna e felicidade: "Todos os seus pensamentos, desejos, aspirações, formam o seu mundo; e tudo o que você encontra no universo, seja beleza, alegria, felicidade, ou fealdade, aflição e dor, é contido no seu interior. É por meio dos seus pensamentos que você forma ou destrói a sua vida, o seu mundo, o seu universo." (Da Pobreza Ao Poder).

Elimine o péssimo hábito de repetir jargões como estes:

* A crise está violenta.

*A coisa está braba.

*Está tudo pela hora da morte.

*Está ruim pra caramba.

*Estou na pior.

*Não estou com nada.

*Meu salário está cada vez mais baixo.

*A barra está pesada.

*Dá tudo errado para mim.

*Sou um azarado. Não tenho sorte.

*Esta vida é uma droga.

*Não é fácil.

*Ninguém tem dinheiro.

*Não vai dar certo.

*É impossível.

*Não tenho dinheiro.

*Não consigo.

*Já fracassei uma vez e vou fracassar de novo.

Essas expressões bloqueiam o sucesso de qualquer empreendedor. Por mais genial que seja uma pessoa, se ela determina algo negativo é isso que vai acontecer.

Pode ser que tenha recebido enorme carga negativa, desde que se conhece como gente. A cada programação negativa subconsciente você foi ficando menor, até chegar a esse tamanhinho insignificante.

Limpe da mente essas exclamações e policie-se para eliminar definitivamente tal hábito.

Com isso, está abrindo caminho para o sucesso.

Veja como pode substituir frases negativas por afirmações positivas.

Lembre que sua vida é resultado de suas crenças.

Mude a ideia e mudará a coisa, dizem os sábios. Exemplos de como pode substituir os jargões negativos e pessimistas:

Estou cada dia melhor e melhor em tudo.
As coisas estão indo cada vez melhor.
Está tudo ótimo.
Está tudo bem pra caramba.
Estou numa boa.
Estou com tudo.
Meu salário vai subindo cada vez mais.
A vida vai de vento em popa.
Tudo está dando certo para mim.
Sou um cara de sorte e de sucesso.
A vida é uma festa.
Está mais fácil que nunca.
O dinheiro rola por aí e por aqui.
Vai dar certo, tenho certeza.
A fé move montanhas.
O dinheiro está chovendo na minha horta.
Eu e Deus podemos tudo.
Estou sempre progredindo, aconteça o que acontecer.

Outras frases: Querer é poder. A vida sempre oferece o melhor. Em frente, que atrás vem gente. A vida é bela para quem acredita nela.

Já dizia Henry Ford, (1863—1947), fundador da *Ford Motor Company* e primeiro empresário a aplicar a montagem em série: "Se você acha que pode ou se acha que não pode, de qualquer maneira você está certo." O que você pensa e acredita, acontece. Pense que pode.

Arranque logo todas essas plantas venenosas. Sem dó nem piedade.

ENXOTE O PESSIMISMO

Outro lixo muito prejudicial chama-se pessimismo.

O pessimista anda sempre de costas para o sucesso. Está na contramão do progresso. Este está lá na frente, mas o pessimista caminha para trás. Jamais se encontrarão.

O pessimista é daqueles que filosofam assim: "Se alguma coisa pode dar errado, vai dar errado". É a tal da Lei de Murphy, que não tem nada a ver com Joseph Murphy dos livros sobre o poder da mente. É outro Murphy, não confunda. Só para você se divertir, veja umas boas da tal Lei de Murphy: "Todo barbante cortado na medida certa é sempre mais curto". "Toda vez que cair no chão um pão com manteiga, cairá com a manteiga para baixo". "É sempre a última chave do molho que abre a porta". "Todo molho de tomate em queda livre sempre encontrará uma camisa branca". A Lei de Murphy é a campeã do pessimismo. As coisas erradas ocorrem na sua vida não porque a filosofia dele esteja certa, mas porque acontece aquilo em que alguém acredita.

****

Pessimismo é praga. Arranque-a.

****

DEMITA AS CRENÇAS NEGATIVAS

Um dos mais duros obstáculos à construção do seu sucesso tem o nome de crenças negativas.

Por favor, esqueça os conselhos que forjaram crenças negativas na sua estrutura psicológica. Chegue à certeza de que você é essencialmente capaz de obter sucesso, seja qual for a meta.

Há dias recebi email de um senhor que encontrava enormes dificuldades para conseguir seus objetivos e prosperar financeiramente. Contava ele que fora criado pela avó, que era contra ganhar dinheiro, como se fosse coisa maléfica. Mais tarde, lendo alguns livros meus, conseguiu se libertar dessa crença e estava agradecido pelo seu progresso.

Dê mais atenção às informações e argumentos positivos. Cultive somente crenças positivas e benéficas.

Certa vez, um funcionário meu falou-me que ia construir uma casa para si.

- Já tem a planta? - perguntei.

- Já.

- É o projeto dos seus sonhos?

- Não, consegui de graça uma planta comum que a Prefeitura fornece - comentou ele, explicando que seus recursos só propiciavam essa singela construção.

- Meu amigo - disse-lhe, batendo no ombro - trate de fazer o projeto da sua vida. Comece a casa dos sonhos, com os espaços que deseja, do jeito que gostaria de viver.

- Mas, e o dinheiro?

- Comece. Devagar se vai ao longe. O poder funciona sobre o que lhe é determinado. Verá que o universo conspirará a seu favor.

Assim fez ele, assim aconteceu.

Sua vida e seus empreendimentos têm o tamanho dos seus pensamentos e crenças.

Nós somos feitos e movidos por verdades, conhecimentos científicos, sabedoria, mas principalmente por crenças. Todas as razões que você alega para dizer-se incapaz de êxito, são crenças fixadas na sua cabeça.

Crença é uma ideia gravada no subconsciente como verdade.

Você pode estar sugestionado por inúmeras crenças negativas, que impedem seu sucesso. Faça um inventário.

Lembre-se que crenças são apenas crenças. O único fundamento delas está na sua cabeça. No entanto, é de pasmar como você as leva a sério, como se fossem verdades ditadas pessoalmente pelo Pai Eterno.

Há, por exemplo, os que acreditam que são incapazes de sucesso e que este se dá bem com os gênios. Essa crença pode ser fruto do negativismo ou fracasso dos seus pais, irmãos, avós, vizinhos, amigos, conhecidos. Falaram tanto dos azares e fracassos, que você acabou acreditando que é a sina humana. Tornou-se crença sua.

Você não pode chegar ao sucesso, se julga ser incapaz, pequeno, incompetente, desmerecedor, indigno do que pretende. Seria o mesmo que desejar ir para frente andando para trás. Você, como filho de Deus, merece tudo que é bom, pois para isso foi criado.

De mil palavras que você profere, noventa por cento fazem parte do arquivo das suas crenças pessoais.

Qualquer afirmação sua, ou de outro, (este outro pode ser pessoa, livro, revista, rádio, televisão, filosofia, religião, ideologia), que for aceita por você – passa a pertencer ao rol de suas crenças.

Quem sabe lá, tenham chamado você inúmeras vezes de quadrado, idiota, cabeça-dura, ignorante, a ponto de acabar acreditando. Esta crença tornou-se sua verdade. E quando você mete na cabeça a crença de que seu casamento está em crise insuperável e só resta a separação? De repente, seu marido é truculento, insensível; sua esposa é insuportável, eterna queixosa, sem beleza; seus filhos desobedientes, preguiçosos; sua casa, paradigma de pobreza; seus vizinhos, chatos de galocha; o bairro, péssimo para se viver... Lembre-se que o outro vizinho pode ter crenças positivas sobre os mesmos assuntos. Você é o que pensa e acredita.

****

Somos movidos essencialmente por crenças.

****

A legítima verdade é que você é filho de Deus, imagem e semelhança divina, dotado de sabedoria e poder infinito, capaz de realizar todos os seus desejos, por mais impossíveis que pareçam.

A sua verdade pessoal são suas crenças e suas crenças agora hão de ser positivas e benfazejas.

Você tem a inteligência dos grandes gênios.

Você é grande como os grandes. É tão capaz quanto os homens mais bem-sucedidos do planeta. A diferença pode situar-se no fato de que a sua crença a respeito de si mesmo é pessimista e a dos exitosos é otimista.

****

As pessoas bem-sucedidas assim o foram porque acreditaram positivamente em si.

****

Homens famosos, como Thomas Alva Edison, (1847-1931), grande inventor e empresário; Albert Einstein, (1879-1955), cientista, autor da teoria da relatividade; General Mark Clark, (1886-1984), extraordinário Comandante Aliado da Segunda Grande Guerra; São João Vianney, (1786-1859), francês, padroeiro dos párocos; Abraham Lincoln, (1809-1865), renomado presidente norte-americano, e tantos outros homens célebres, foram medíocres na escola. O sucesso deveu-se ao universo positivo que tinham de si mesmos.

Ponha na mente a verdade definitiva de que você é pessoa talentosa.

Cada um acredita no que quer: acredite na sua potencialidade.

****

Todos somos feitos para o sucesso. Não há privilegiados.

****

Erradique a crença de que o maior engole o menor. Há lugar para todos e é impossível o grande subsistir sem o pequeno. O gigantesco avião deixaria de existir sem a presença dos fabricantes de pequenos parafusos, soldas, rebites, que sustentam as asas, os motores, os assentos, a fuselagem e tudo o mais.

Lembre-se que as crenças que tem sobre seus negócios determinam as decisões e programam seu futuro.

Elimine a péssima crença de que só vencem e prosperam na vida os que roubam, exploram e praticam rapinagem. Esse caminho conduz fatalmente à desgraça e os exemplos estão aí diante dos seus olhos.

Nenhuma árvore má produzirá frutos bons - ensinava o sábio Mestre.

Promova a crença de que a vida sempre evolui para melhor.

O mais impressionante é que tudo tem apenas o significado e o valor que você lhe dá. Eu posso ler para você a Bíblia inteira e, no fim, ouvi-lo dizer apenas isto: "É pura bobagem!"

Você pode ler este livro e exclamar: "Fantástico!

Vou colocar tudo em prática!"

Para usar o já surrado chavão: esta é a diferença que faz a diferença.

Conheci um senhor que deixara de ir à escola porque dizia que nada servia para a vida. Mais tarde, sentiu necessidade de conhecimentos escolares e voltou aos bancos de aula. Duas crenças para a mesma coisa em tempos diferentes.

Até mesmo sobre muitas verdades objetivas, científicas, incontestáveis, você encontrará gente com crença contrária. Há, por exemplo, muitos que negam que o homem já tenha pousado na lua.

****

Tudo tem apenas
o significado
e o valor que você lhe dá.

****

Há crenças que você recolheu da família, da escola, da religião, dos amigos, da televisão.

Expulse para sempre as crenças deletérias.

Como a crença é uma força irresistível, crie, desde agora, crenças positivas, benéficas, otimistas. Principalmente, acredite no sucesso e ele baterá, sem falta, à sua porta.

FRUSTRAÇÃO NEM PENSAR

Frustração é resultado do desconhecimento da dimensão criadora inesgotável existente em você. Frustrado é quem desiste, julgando-se incompreendido e azarado. Longe de ser um frustrado, você é pessoa criativa, inteligente, que usa sua potencialidade para encontrar o melhor caminho na busca do seu objetivo.

DÍVIDAS ATÉ PELO PESCOÇO

Um passo em falso, exagero nas compras, vender o ovo antes que a galinha ponha, acidentes, imprevistos, enfim são muitos os fatores que podem levá-lo a um pesado endividamento. Existem as dívidas normais, feitas em forma de projeção para resultados lucrativos a médio e longo prazo. E há as dívidas feitas com total imprevidência e descalabro de gastos. Sejam como forem as dívidas, elas existem para serem saldadas.

****

O que você deseja
que os outros lhe façam,
faça também a eles.
Outra atitude é incompatível
com o sucesso.

****

Diante de dívidas pesadas, fora do seu controle, ao invés de cair em desespero ou depressão, faça um estudo de quanto pode pagar, quanto pode economizar de outras coisas para acrescer ao montante e o que pode vender para formar o maior volume de pagamento. Então, seja franco com o credor e tente diminuição dos valores devidos e dos juros a serem pagos. Feito isto, organize com seu credor a forma de ir abatendo o débito de acordo com sua capacidade atual. Se o credor for inteligente, evitará de matar a vaca que dá o leite com o qual o devedor pretende pagar.

Lembre-se que essa é a hora de levantar a cabeça e usar todas as energias para dar a volta por cima. Faça como milhões de milionários. Eles tiveram dificuldades cruciais como você e venceram.

Mentalize prosperidade, veja-se nadando no dinheiro. A mente positiva abre caminhos.

MUDANDO A CARA DO FRACASSO

Desde logo é bom dizer que fracasso não é prejuízo, mas investimento. Bem apreendido, é estrada do sucesso. É escola que lhe traz lição valiosa e, com ela, você acertará o passo, as estratégias e os métodos, para chegar à vitória. Seu fracasso veio na hora certa. Aceite-o de bom grado. Jamais se entregue. Logo aí está o seu destino grandioso. Grandes afortunados foram homens que souberam colher os frutos das experiências.

Uma das maneiras de piorar o fracasso é jogar as culpas sobre algum bode expiatório, atribuir sua falha a alguma coisa, ou a alguém, ou a qualquer imprevisto desastroso. O que tem a fazer é recolher os ensinamentos resultantes dessa situação.

****

Fracasso não é prejuízo,
mas investimento.

****

Há pessoas que transformam o fracasso em tragédia e se desesperam. É a pior maneira de agir. É vender a saúde, o amor, a felicidade, e até a vida, por uma questão material. Seja inteligente: encare o fato apenas como etapa do seu projeto.

Como você é dono de si, autor de si mesmo e de sua vida, aproveite a experiência e estabeleça os caminhos corretos para atingir a meta com mais facilidade e segurança.

Ao invés de chorar amargamente a situação e gastar energias com lamúrias, elogie essa lição da vida, agradeça a nova orientação divina e siga em frente. Quanto mais rápido acertar o rumo e arrancar para diante, mais rápido chegará ao destino sonhado.

****

Quanto mais rápido levantar a cabeça e acertar o rumo, mais rápido chegará ao destino sonhado.

****

Se perdeu uma batalha, analise as falhas e os prejuízos, mude a estratégia e vença a guerra. Já na segunda batalha estará bem apetrechado para a vitória. Portanto, aquela ocorrência faz parte do percurso que, no final, o levará ao sucesso.

****

Levante-se e erga um edifício maior ainda.

****

Se ainda está sentado sobre as cinzas da destruição, levante-se de imediato, e comece a erguer um edifício melhor e maior. E assim será.

Li, de Orison Marden, (1850-1924), o livro "Os Milagres do Pensamento" e gostei muito. Agora acabo de ler um fato acontecido com Marden, descrito na obra do Dr. Omar Souki: "Durante a depressão econômica de 1892, nos Estados Unidos, Orison Marden viu o hotel de sua propriedade ser totalmente destruído por um incêndio. Mais ainda, no hotel estava o original do livro que acabara de escrever. Ao invés de paralisar-se pelo desespero, começou a reescrever o livro em seguida. Era alimentado basicamente por sua autoconfiança e fé extraordinária. A obra versava justamente sobre o sucesso em épocas difíceis. Em 1894, enquanto os norte-americanos ainda amargavam os dissabores da depressão, Marden publicou seu livro, que foi reeditado 250 vezes, ajudando a mudar a perspectiva mental de milhares de pessoas". (Acorde! Viva Seu Sonho).

O suposto fracasso que aconteceu com você foi

apenas o ajustamento do foco para levá-lo mais eficaz e rapidamente ao êxito.

DESILUSÃO

Desilusão é sentimento pesado, desligue-o. Quer que todas as pessoas pensem como você? Espera que todo mundo tenha cabeça boa? Imaginou que está lidando apenas com anjinhos?

Abordou-me uma moça, muito ressentida e desiludida:

- Estou decepcionada com o mundo. Só me acontecem coisas do arco-da-velha. No outro dia, me mandaram pagar uma conta que eu já tinha saldado há bastante tempo. Depois, uma parenta me convidou para um jantar, dizendo que estava com saudade, e o tal de jantar era para me explorar e pedir dinheiro. Para completar, recebo uma carta escrita a mão determinando que eu pagasse urgentemente, com duas horas de prazo, uma dívida com o plano de saúde, sob pena de perder definitivamente o convênio, e quase caio nessa, pois era golpe de vigarista. Será que esse mundo é tão maldoso assim? Isso me deixa deprimida e perturbada, com vontade de me enfiar em algum buraco!

- Olha, amiga, acostume-se a perceber que nem todos são como você. Há por aí todo tipo de gente, uns procurando pegar incautos, para arrancar dinheiro; outros, com intenções escusas de desfazer suas qualidades. Às vezes, até parentes usam e abusam da boa-fé de pessoas generosas e de bom coração. Assim é a vida. Jesus já alertava dizendo para sermos simples como as pombas, mas espertos como as serpentes. Em primeiro lugar, saiba que é impossível exigir que todos os seres humanos sejam honestos e bem-intencionados; em segundo lugar, aprenda as lições da vida e deixe de ser ingênua; em terceiro lugar, nada de se deprimir e perturbar-se. A maldade dos outros é maldades deles, deixe de colocá-la na sua mente. O que importa é que você faz a sua vida, tem boa formação, e os outros que sejam lá como forem. Uma regra de ouro para você evitar de cair na esparrela: nunca tome decisões imediatas, sob impacto emocional, apavorada, pois é exatamente isso que esperam de você os golpistas. Diga que mais tarde dará atenção ao assunto, já que nesse momento está muito ocupada. E desligue, sem mais nem menos. Meia hora depois, com a cabeça fria, você notará lucidamente onde queriam metê-la. Outra coisa: quando lhe oferecem dinheiro caído do céu, de alguém ou de alguma instituição governamental, saiba que ninguém faz milagre. Fique precavida. Aconselhe-se com pessoas idôneas, porque essa é uma fórmula conhecida de lhe arrancarem dinheiro, alegando que é necessário para liberar a papelada. Ao invés de se aborrecer e tomar calmantes, reconheça que tudo o que acontece é uma bela escola. Seja alegre, feliz, positiva, otimista. E cuidadosa.

ENGANOU-SE REDONDAMENTE

Esperava tanto, confiava tanto, fez tanto, ajudou tanto! Deu tudo errado. Enganou-se totalmente. E aí? É preciso ficar chorando? Deus lhe deu inteligência, sabedoria, vontade, poder, capacidade de resolver problemas, então, sem perda de tempo, refaça os conceitos amassados e siga em frente.

Seja mais leve, mais flexível, aceite que os outros possam estar num estágio mental e espiritual mais precário. Felicidade é estado mental e a mente é sua, apenas sua. Sejam os outros como forem, ninguém pode entrar dentro de você para roubar-lhe a felicidade e a paz de espírito. Esses são os valores mais preciosos. E são seus, apenas seus.

DESEMPREGADO E AGORA?

Desemprego é a melhor coisa para levá-lo a encontrar seu melhor lugar. Já falei inicialmente sobre isso. Aproveite o tempo para se especializar naquilo que gosta e que pretende trabalhar. Recicle-se. Descubra outras formas de ganhar dinheiro. Aceite trabalhos provisórios, enquanto se prepara para engajar-se naquilo que lhe apraz.

Importante: mantenha-se em altoastral, caminhe, faça ginástica, pratique esportes, recupere energias, estude, leia bastante, faça cursos, ajude os vizinhos necessitados ou as obras de filantropia.

****

O desemprego é uma bela mão na roda para levá-lo a encontrar seu melhor lugar.

****

Seu desemprego é apenas aquele intervalo de quinze minutos entre um tempo e outro do futebol da vida. Volte para a segunda etapa em plena forma.

Arrisco-me a dizer-lhe que não existe desemprego, mas gente mal preparada.

CARENTE?

Carência é vazio que precisa ser preenchido. Você sabe disso, desagrada-lhe a situação, quer melhorar, porém acha que depende dos outros. Carente de amor, carente de aprovação, carente de reconhecimento, carente de compreensão, carente de um lugar ao sol. Enquanto achar que os outros é que devem fazer sua felicidade e bem-estar, continuará carente. Ao invés de olhar para fora, olhe para dentro de si. Aí está a mina de sentimentos positivos, otimistas e de elevada autoestima. Diga para si mesmo, várias vezes ao dia: "Eu posso! Eu sou feliz! Eu sou autor da minha vida!"

AZAR NEM PENSAR

Azar é terreno falso, que impede uma construção sólida. Para desculpar-se, muitos justificam o péssimo desempenho na vida alegando falta de sorte, azar, destino, desígnio de Deus.

Compreenda que a vida humana e o universo são regidos por Leis Imutáveis, que se autocumprem, independentemente se a pessoa conhece ou ignora.

Cada pensamento, cada passo, cada centavo, cada célula do corpo, cada estrela do céu, cada ímpeto do vento, cada grão de areia, obedece às Leis Universais, ditadas pelo Criador. Azar, sorte, acaso, urucubaca, fatalismo, predestinação, são palavras existentes no Dicionário da Ignorância.

Pelas Leis Universais, a mente comanda a vida e os resultados da vida.

Mente positiva - vida positiva.
Mente negativa - vida negativa.
O pensamento é a causa - a vida é o efeito.
Se acredita no sucesso - colherá sucesso.
Se crê no azar - terá azar.

****

A plantação é livre,
a colheita obrigatória.

****

A Lei é esta: o que você planta na mente, colhe na realidade.

FIM DOS PROBLEMAS

Agora varra os problemas. Talvez você se sinta sufocado por eles. Pode até pensar que está num beco sem saída. Fica girando em torno dos seus problemas, como o cachorro que passa o tempo todo querendo morder o próprio rabo.

É claro que, se você vê apenas problemas, existirão somente problemas. Para o sapo que vive no brejo, a vida é um brejo.

Se o terreno sobre o qual deseja assentar sua casa é um banhado, trate de superar essa dificuldade, ao invés de desistir.

Ponha na mente que você tem capacidade de vencer qualquer problema. Por sinal, só existe o problema porque existe a solução, é o que sempre digo.

Talvez você imagine que os problemas sejam insuperáveis. Ora, isso nada mais é do que imaginação. Cuidado com a imaginação. Ela atua fortemente sobre seu subconsciente. Imagine a casa pronta e não o contrário.

****

Existem muito mais
possibilidades do que você imagina.

****

Há uma história narrada na Bíblia que pode ajudá-lo a entender o que estou dizendo. Havia uma guerra entre os filisteus e os israelitas. Do lado dos filisteus aparecia, todos os dias, um imenso gigante, chamado Golias, que desafiava qualquer guerreiro adversário. Os israelitas estavam amedrontados. A luta seria um contra um. De um lado o gigante Golias, do outro quem poderia enfrentá-lo? Os dias passavam e o gigante abria sua arrogância e mostrava sua força diante dos israelitas. Até que, certa vez, apresentou-se aos generais israelitas um jovem franzino, chamado Davi, disposto a enfrentar Golias. Diante do pasmo dos generais, afirmou que, com sua funda, liquidaria o gigante. Autorizado o combate, que decidiria o destino de um e outro povo, apresentou-se Davi diante do homenzarrão todo forrado com armaduras pesadas e uma lança imensa. Golias caiu na gargalhada ao ver aquele magrela, despido de armamentos, com uma tosca funda nas mãos. Desde logo o gigante tratou de abater aquele jovem despreparado e avançou como quem vai amassar uma borboleta. Davi girou rápido sua funda e jogou violentamente a pedra na testa do valentão, prostrando-o definitivamente.

Conclusão: sempre existe solução para cada situação. Ela pode estar onde você menos espera. Abra os olhos e os ouvidos.

Abandone, neste momento, a ideia paralisante de que os seus problemas são maiores do que você. Davi usou habilidade, inteligência e arte, contra aquela montanha humana. Venceu.

Se a humanidade fosse esbarrar em problemas, eu lhe pergunto se existiriam o avião – mais pesado que o ar – e o foguete espacial? Teria o homem posto os pés na lua? Teriam sido inventados a internet e o computador?

CRISE, DE NOVO?

Outro obstáculo a ser superado antes de construir a casa dos sonhos chama-se crise mundial. Já foi falado sobre isso. Crise é palavra assustadora. Se levada em consideração, tem o tamanho do gigante Golias diante de Davi. Muita gente recua ao se deparar com esse monstro, para de agir, esconde-se atrás da porta, diminui o investimento, perde oportunidades, entrega seu território, cai na modorra existencial. Pense em Davi e nos que acreditaram na habilidade, inteligência, competência e coragem daquele jovem, que enfrentou o gigante e salvou seu povo. Sua glória foi tão ofuscante que o fizeram rei de Israel. O que teria acontecido se o rapaz ficasse escondido na floresta, louco de medo, esperando que alguém enfrentasse aquele imenso problema em forma de gente?

A palavra crise contém veneno paralisante. Além disso, é de efeito hipnótico. Você vai ouvindo comentários sobre crise, notícias de crise, relatos sobre crise e essa palavra fica zoando na sua mente, a ponto de ser acolhida pelo seu subconsciente. Como tudo o que o subconsciente aceita como verdade, ele executa, você acaba mergulhado na inércia.

Quem acredita em crise, vive em crise.

Tudo na vida tem dois lados: luz e escuridão, dia e noite, alegria e tristeza, vitória e derrota, amor e ódio, fartura e carestia, sucesso e fracasso, crise e desenvolvimento.

A escolha é sua.

Se optar pela crise, estará escolhendo a escuridão. Viverá no porão e dirá que é impossível enxergar um palmo à frente do nariz. Bastaria acender um fósforo e desapareceria a escuridão. Apenas um fósforo.

****

Um milhão de anos de escuridão
acaba naquele segundo
em que se acende um fósforo.

****

Outra possibilidade, até mais criativa e inteligente, é você sair do porão e passar a viver em lugar claro, iluminado, ensolarado. Bastam meia dúzia de passos e a crise desaparecerá.

Ao invés de ser "crisetivo", seja criativo. Pode ser que, onde você está, suas pipocas ficam à espera de consumidor. A pessoa criativa analisa os porquês da baixa venda e acaba se decidindo, por exemplo, a vender pipoca na saída dos colégios, nas praças, diante dos circos, nos parques de diversão.

O pescador inteligente ficará dormindo na canoa porque o peixe sumiu ou pegará o remo e vai experimentar em outro ponto do rio?

Saia da escuridão. Busque a luz.

****

Saia da crise. Crie.

****

Se você só faz o que está fazendo, conseguirá apenas o que está conseguindo.

Crie e verá os resultados positivos da sua criatividade.

CRISE É PORTA ABERTA PARA O SUCESSO

Você tem tudo para alcançar sucesso sempre, seja qual for o momento global, estadual, municipal, local. O êxito depende mais de você e de sua inteligência criativa do que da situação. Qualquer situação, por pior que seja, é sempre rica em oportunidades. Esteja atento. Acorde.

Ao invés de somar prejuízos, some as novas chances que estão surgindo.

Seu poder criador se expressa em forma de desejos, metas, sonhos grandiosos, objetivos, ideais, projetos.

Desejar algo é muito fácil. Sonhar é uma maravilha da inteligência humana. Se você sentar na poltrona e sonhar com um empreendimento vitorioso, imediatamente o cérebro derramará endorfinas de prazer e você terá vontade de sair campo fora para meter a mão no arado, como se dizia antigamente. O milagre está aí. Você não percebeu, mas o milagre já aconteceu. O fato de criar algo na sua mente, foi o grande milagre da sua vida. Somente Deus e o ser humano têm o dom transcendental de criar algo mentalmente. E a segunda consideração, mais fantástica ainda, é saber que a realização da criação mental é uma necessidade que se impõe por si mesma. Imagine a incoerência da vida se você pudesse criar algo na mente e não pudesse materializar. Ocorreria uma desgraçada conclusão: a criatura humana seria um ser pela metade, mera promessa, uma farsa, e o Criador seria incompetente ou sádico.

Veja a legítima lógica: se você tem poder de criar algo na mente, tem poder de realizar. Uma premissa exige a outra. É incontestável.

Mas, há um porém. Um avassalador porém: você pode romper a lógica do sucesso. Pior ainda, a explosão destrutiva pode ser ativada por um único pensamento. Um único pensamento negativo pode destroçar toda a trama divina do seu sucesso. A experiência avisa que grandes sonhos foram derrotados por um pensamento apenas. Isso acontece com muita frequência em tempos de crise.

Os derrotados exclamam: "Os tempos estão bicudos; a crise está solta; não há como continuar com a empresa; perdi o emprego, estou liquidado; toda minha vida se foi por água abaixo".

Notou? Um único pensamento foi o raio fulminante que destruiu o passado, o presente e o futuro.

Chegou a hora de levantar a cabeça e teimar persistentemente que você foi feito para o sucesso, para a abundância e para a prosperidade.

Como eu dizia acima, você encontrará na rua, nos bares, nas rodas de amigos, na televisão, nos jornais, nos conferencistas, gente que usa óculos escuros e dirá que a situação está mais para urubu, que a crise está minando tudo, que as chances de emprego foram a zero. Pura bobagem.

****

Aproveite os espaços deixados pelos que seguem a trilha dos pessimistas e ponha aí mesmo seu empreendimento.

****

Ninguém deixará de comer e beber, ninguém jogará dinheiro no lixo, ninguém quererá viver debaixo de uma ponte, todos precisam de roupa para vestir e sapatos para calçar, todos sonham com eletrodomésticos até como medida de economia, assim por diante.

Se refletir bem, é você mesmo que cria barreiras ao seu sucesso: tem belo projeto, mas sequer o deixa sair do papel. Acha-o impraticável. Lembre-se que a fortuna ajuda aos audazes. Quando você cria uma ideia, acredita nela e a põe em prática, todo o universo vai se juntar a você.

Pode ser que tenha estabelecido uma meta e se jogado na luta com armas e bagagens para atingi-la. Virou, mexeu, batalhou, e acabou na maior decepção.

Analise melhor o que aconteceu e verá que a derrocada poderia ter sido evitada.

Pronto, agora você limpou mais uma erva daninha. Logo, logo, seu terreno mental estará preparado para o sucesso.

FANTASMAS RIDÍCULOS

Mas, eis que surgem fantasmas no seu terreno e você pensa em fugir apavorado, sem salvar coisa nenhuma.

- O que é um fantasma? – perguntaram a uma criança.

Ela pensou e respondeu:

- É alguém que se parece com alguém, mas é ninguém.

Conheço pessoas que veem fantasmas em toda parte. Certa vez, um colono chegou bêbado até o padre e contou-lhe que tinha visto São Pedro.

- Você andou bebendo?

- Não, seu reverendo, apenas uma garrafa de vinho.

- Então tome mais uma garrafa de vinho e verá também São Paulo.

Aqui me refiro a fantasmas que significam suas recordações negativas, dolorosas ou macabras. Quando vivem, no seu sótão mental, personagens e situações do passado, você está dando vida a fantasmas. Os fantasmas podem ser um sócio que o logrou, alguém que deixou de lhe pagar uma dívida, o ex-marido que se nega a cumprir o compromisso da pensão, a empresa que despediu você, o vizinho que deixa os animais entrarem na sua lavoura, o inquilino que se nega a lhe pagar o aluguel, o negócio malfeito, a dívida considerada insuperável, o projeto que ficou no papel, a colheita perdida, o caminhão que sofreu acidente... Sabe Deus o que mais.

Lembre-se que tudo que aconteceu no passado é passado. Se você o aprisiona na cabeça, está criando fantasmas.

Agora me diga: Vale a pena sofrer por causa de fantasmas?

****

Toda hora é hora de iniciar nova vida. Comece agora.

****

Então, meu amigo, minha amiga, abra as portas da memória e enxote para fora essa legião malévola, que está sugando sua alegria e barrando o caminho do sucesso.

Abaixo os fantasmas do passado!

Pegue a funda de Davi e pum! na cabeçorra do fantasma terrífico.

Agora hasteie a bandeira da libertação.

E comece nova vida. Nunca é tarde demais.

Este é o seu ponto de partida, a arrancada para o sucesso e a autorrealização.

DESCARREGUE O FARDO

Continuando o processo de limpeza mental, dedique-se agora a descarregar aquele fardo que o impede de usar todas as energias em benefício do seu sucesso.

Fardo é todo peso desnecessário que você carrega. Há fardos mentais, emocionais, espirituais e físicos. A mente, o coração e o corpo podem sofrer cargas prejudiciais e dolorosas.

Pensando bem, é total falta de inteligência ficar

ruminando e sofrendo os percalços da vida, pela simples razão de que a pessoa está sofrendo o nada, uma vez que o passado, como já foi dito, inexiste.

Acontece que o subconsciente é incapaz de distinguir entre a realidade e a imagem da realidade, por isso manter um acontecimento adverso e doloroso na mente e no coração é, para o subconsciente, o mesmo que o praticar. Eis porque o complexo de culpa, o sentimento de perda, a depressão, a angústia, a fixação, a obsessão, provocam sofrimentos e doenças orgânicas.

Muitos pretendem iludir a mente, tentando desfazer o fardo por meio de calmantes, drogas, estimulantes, euforizantes, estupefacientes. Mascarar a mente com drogas é apelar para o ilusório. Se o problema está na mente, nela seja resolvido.

Desligue o mal da mente e ele deixará de existir.

- Como desligar o mal da mente?

- Perdoando.

Perdoar significa demitir o mal, que está na mente.

Seja patrão de si mesmo: demita seus erros, sofrimentos, desgraças, prejuízos, mágoas e ódios.

Perdoar é o único caminho. Se não o fizer, sofrerá, e o seu sofrimento gerará enfermidades.

Seja complacente consigo mesmo: perdoe-se.

Seja benévolo com os outros: perdoe.

ESPANTANDO BRUXARIAS, FEITIÇOS E MAU-OLHADO

Respeite a religião dos outros, mas fuja de crenças negativas, como macumbas, feitiços, possessões diabólicas, castigos, complexos de culpa, maligno, diabos, anátemas, condenações, infernos, penitência, autoflagelação, espíritos inferiores, porque gerarão medos e angústias, e você se debaterá num mundo obscuro de insalubridade mental e espiritual, incompatível com o homem de sucesso. Também evite crenças ou ideologias fanáticas, que levam à intolerância, a irracionalismos, a inimizades, a ódios, e criam atritos que fecham caminhos.

Acentue, isto sim, crenças positivas e benéficas sobre a vida, Deus, amor, reino dos céus, paraíso, fraternidade, bondade, solidariedade, perdão, misericórdia, anjos protetores, harmonia universal, paz, alegria, Cristo libertador e anunciador de um mundo melhor, mais humano e mais feliz. Reconheça a Divindade imanente em seu íntimo, como fonte de amor, poder e sabedoria.

Selecione e vivencie crenças que fazem bem, e corte, como recomendava o Mestre, "árvores que produzam maus frutos".

Acreditar em bruxarias, feitiços e mau-olhado, é uma forma infantil de espantar o sucesso. Fora com essas crenças perturbadoras que, além de tudo, vão sugar o seu dinheiro.

No outro dia, recebi carta de uma moça que estava muito angustiada porque queria recuperar o ex-namorado e foi ter com um pai-de-santo. O médium disse que não podia falar em preço pelo trabalho a não ser que ela se comprometesse a cumprir as exigências da entidade incorporada. Ela prometeu. Caindo em si, a moça reconheceu que não devia seguir esse caminho, mas o médium alegou que, neste caso, era necessário pagar nova consulta, caso contrário sua vida poderia desabar. "Então – diz ela – fiquei preocupada, não sei o que fazer, porque, no fundo, eu sinto que o médium só quer o dinheiro, mas também não posso julgar, estou sem saber o que fazer".

Respondi o seguinte: "Você incorreu em vários equívocos. Primeiro, todo ser humano é livre para escolher o companheiro ou companheira na vida. Amor não se compra e não se empurra goela abaixo por obras e artes de alguma entidade. Amor e liberdade sempre andam de mãos dadas. Disse o Mestre: "Não faças ao outro o que não queres que o outro faça a ti". Assim como você não gostaria que alguém fosse fazer bruxarias para tirar seu namorado ou marido, não faça o mesmo. Segundo ponto, mesmo que você conseguisse arrancar de volta seu ex-namorado, seria atitude forçada. Pergunto-lhe: Gostaria de ter de volta para si um infeliz e desajustado no amor? Terceiro ponto, se o ex-namorado não está com você, é sinal evidente que o Amor da vida dele é outra pessoa. E é sinal de que o seu Amor é outra pessoa que não o ex-namorado. Enquanto seu ex-namorado ocupar os espaços do seu coração, as portas estarão fechadas para um novo Amor, o seu verdadeiro Amor. Quanto ao pai-de-santo: só tem poder sobre você a pessoa a quem der poder. Isto significa que só você tem poder sobre si. O pai-de-santo, médium, ou bruxo, não tem poder de tirar ninguém de você e nem de atrair alguém para você. Este poder pertence apenas a si. Se você se deixar influenciar, ou tiver medo, estará transferindo ao outro o seu poder. A primeira solução é drástica: corte desde já qualquer ligação com aquele médium e não tema, porque você e o Deus que habita seu íntimo são a Força todo-poderosa contra a qual nada nem ninguém pode. A segunda medida, é você falar pessoalmente com o ex-namorado. Este contato direto poderá responder à pergunta se ele a ama ou não, se quer voltar a você ou não. Tenha em mente que vivemos num mundo de dualidade: se você deseja ter um Amor na vida, existe alguém que deseja ter o seu amor. Pode ser o ex-namorado ou outra pessoa. Fique tranquila".

Certo sujeito foi comprar um castelo medieval, olhou, vistoriou e, por fim, perguntou:

- Tem certeza de que tudo funciona bem neste castelo?

- Tudo, meu senhor – respondeu o vendedor. - Bem, para falar a verdade, apenas as bruxas da meia-noite chegam com quinze minutos de atraso, desde que começou a carestia de vassouras.

A mente de certos indivíduos crédulos vive povoada de feitiços, bruxas, macumbas, demônios, magia negra, pragas e coisas do gênero.

O inexplicado, o misterioso e o desconhecido impressionam muita gente e quando surge alguém que se diz com poderes sobre o bem e o mal, não faltam os que ficam aterrorizados e se entregam de corpo e alma.

O medo de ameaças, desgraças programadas, malefícios, leva essas pessoas ao desespero e são capazes de vender o que têm, e pedir emprestado, para atender exigências desse tipo de exploradores.

Se você se liga nessas malignidades, não progredirá, porque se torna dependente da vontade e dos trabalhos espirituais de alguém.

Sei de pessoas que querem sair desse submundo, mas se sentem apavoradas, porque o feiticeiro ameaça com desgraças, morte de familiar, ou outras tragédias, gerando pânico inenarrável.

Diz um provérbio que nunca se viu cigano tirar sorte de cigano.

Primeira verdade: você e o Deus que habita seu íntimo são o poder infinito contra o qual nada nem ninguém pode. Já foi dito. Segunda verdade: infelizmente, você pode ceder seu poder a outrem e isso acontece quando acredita no poder de alguém sobre você. Também foi dito. O mal só tem a força que você lhe der. Terceira verdade: é erro grosseiro e supersticioso acreditar que outra pessoa tenha poder sobre você. Isso também foi dito.

****

O mal e o bem só têm
a força que você lhes der.

****

Deus teria sido incompetente e contraditório se tivesse dado poder a outros sobre você: de um lado teria criado você à sua imagem e semelhança, livre, responsável por seus atos, com merecimentos ou deméritos sobre o que faz, e, por outro lado, faria você dependente de outras pessoas e de outras forças. Seria um deus confuso, sem lucidez, atrapalhado.

Pense bem: como pode Deus determinar que você seja o autor da sua vida se dá poder a alguém para comandá-la?

Diz a Lei Infinita que cada um colhe o que semeia. Portanto, está errado supor que você deva colher o que outro semeia.

- Mas, já tem acontecido de se realizarem as ameaças do feiticeiro – poderá argumentar você.

Realmente, podem se realizar as ameaças a quem nelas acredita. Sempre que alguém põe fé no que quer que seja, acontece. Nada sucede pela força do feiticeiro, mas pelo poder de quem aceita. Esta é uma Lei da mente e nada tem a ver com ciganos, macumbeiros ou bruxos.

****

Seja dono de si.

****

Diz a ciência do Poder da Mente que todo pensamento acreditado se materializa. Se você pensa que as ameaças de alguém vão acontecer, o resultado é fruto do

SEU pensamento e não do ameaçador.

Você tem poder sobre si e sobre as pessoas que aceitarem seu poder.

O macumbeiro tem poder sobre ele e sobre os indivíduos que aceitarem o poder dele e nele acreditarem.

Seja dono de si. Faça a sua vida.

"Temer – escreveu Emmet Fox – é ter mais fé no mal do que em Deus". Emmet, (1886-1951), é autor de livros sobre espiritualidade positiva.

Diz a Bíblia: "Ninguém lançará mão de ti para te fazer mal."

Pare de acreditar no mal e ele desaparecerá.

Nem mil despachos, ou macumbas, podem ter a força de um único Pai-nosso.

Jamais pague alguém para desmanchar o mal que dizem ter sido feito contra si. Simplesmente apague o mal da sua mente e ele sumirá. Ameaças são chantagens, apenas chantagens, que só funcionam nos ignorantes.

O que você quer, você pode. Este é um segredo que poucos conhecem. Você é sua força. Você é seu caminho. Você é sua luz.

ORA, VELHO DEMAIS!

Anote mais um empecilho para o sucesso: acharse velho demais.

O sucesso é parceiro de todas as idades. Sem distinção.

Quanto mais alta sua idade, mais condições e experiências você terá para chegar ao êxito.

Grandes realizações e empreendimentos fantásticos aconteceram em todas as idades.

Meter-se num pijama e passar o resto da vida sentado em cadeira de balanço, lamentando a velhice, é perda do melhor da vida.

Jogue fora a crença de que a idade avançada seja idade do amparo ou do desamparo.

****

Todas as idades são idades de sucesso.

****

Veja o que diz a sabedoria bíblica: "Na velhice darão ainda frutos, serão ainda cheios de seiva e de vigor". (S1. 92,14).

Julio Dantas nasceu em Lagos, em 1876, e faleceu em Lisboa, em 1962. Foi médico, escritor, poeta, dramaturgo, jornalista, político, diplomata português. Veja o que escreveu ele: "Afinal, a velhice é um simples preconceito aritmético, e todos nós seríamos mais moços se não tivéssemos o péssimo hábito de contar os anos que vivemos."

Velhice é preconceito aritmético. Pode ser tão produtivo um indivíduo de vinte anos quanto um de oitenta. Aliás, este leva a vantagem da sabedoria, da experiência e do tempo disponível.

Seja qual for sua idade, o sucesso está à sua espera. Mas, pelo jeito que muitos idosos se julgam, talvez tenham que esperar sentados.

Inúmeras pessoas famosas alcançaram o pico mais alto do sucesso em idade avançada.

Arranque da mente preconceitos sobre a alta idade e impregne-a com imagens de prosperidade, sabedoria, experiência, bom humor, capacidade, grandeza de alma. Veja-se sorridente, empreendedor, tranquilo, agradável, positivo, otimista.

Pode abençoar e elogiar os tempos de antigamente, mas viva o momento presente. Some ao seu cabedal de conhecimentos tudo que viu em outras épocas e use o que servir para o dia de hoje. Ficar no saudosismo é fugir da realidade.

****

O sucesso olha para frente.

****

Tudo o que aconteceu na vida lhe fornece subsídios para acertar melhor os caminhos do sucesso.

Toda idade tem a sua juventude própria. A juventude da velhice é a larga e vívida dimensão da inteligência, que propicia uma visão fantástica do dia de hoje.

****

Muitas empresas procuram descartar
os idosos, mesmo os que foram
a mola mestra do
sucesso passado e da situação presente, porque eles
ficaram parados
no tempo e no espaço.
Muitos idosos são retirados
das empresas apenas
por continuarem a administrar o passado.
Empresa é vida,
vida é dinamismo evolutivo,
evolução tem a ver com o presente e o futuro. Aí está
a base do conflito de gerações.
Mas, o idoso que continua
se atualizando,
aceitando conceitos novos,
abrindo a mente para
a era moderna e as novidades,
este se torna imprescindível
em qualquer empresa.

****

Se você é idoso descartado, ao invés de ficar se lamuriando pelos cantos da vida, dê graças a Deus, já que ficou com a parte melhor: seus conhecimentos, sua experiência, sua capacidade e suas habilidades. Procure desenvolver esse mundo de sabedoria que colheu ao longo de tanto tempo. Acrescente sua agudeza de percepção dos novos tempos e faça o que gosta. Pense sucesso. Mesmo que recomece do zero, pense grande. Varra do seu coração qualquer ressentimento, complexo de culpa, pessimismo. Esqueça essa coisa de falta de reconhecimento. Faça sua vida.

Você é um sucesso. Aposto em você. Com qualquer idade.

Cada idade tem sua magia, seu fascínio e sua energia própria.

IMPOSSÍVEIS DERROTADOS

Agora derrote os impossíveis. Quando afirmar que algo é impossível, colocou o ponto final. Tirou toda e qualquer possibilidade de mudar a situação. Impossível é a fé do lado avesso. Tudo que receber o carimbo de impossível, se torna impossível.

- Há impossíveis sobrepujados?

- Sim, aos montes. Houve época em que era impossível chegar à lua, construir naves espaciais, erguer prédios de cem andares, efetuar salto mortal triplo, fazer túnel sob o Canal da Mancha, romper a barreira do som, imprimir milhares de livros por dia, escalar o Everest, percorrer duzentos quilômetros por hora. Entre os impossíveis superados estão o avião, o telefone, o fax, a lâmpada elétrica, o computador, o isopor, o Canal de Suez, o Canal do Panamá, os poços artesianos, a porcelana, os talheres de aço, o cinema, a televisão, o rádio, a internet, o celular...

Agora entre na sua casa e enumere os impossíveis lá existentes: o fogão a gás e elétrico, o forno de micro-ondas, os novos aparelhos de som, os equipamentos elétricos, os relógios eletrônicos, as torneiras modernas, assim por diante.

E, na sua vida, quantos impossíveis já derrubou? Lembra-se do tempo em que era impossível ter carro, casa, terreno, apartamento, lojas, viagem à Europa, ganhar uma competição esportiva, superar a depressão, atravessar um rio a nado, emagrecer vinte quilos, pagar certa dívida, ganhar o salário que recebe, etc, etc, etc?

Todo impossível não passa de crença.

Há duas belas maneiras de derrotar uma coisa impossível: ou mude a coisa ou mude você. Há, por exemplo, diversas formas de ultrapassar uma montanha de oito mil metros de altura: escalando-a, cavando um túnel, ou usando helicóptero.

****

O impossível é apenas
um lapso de inteligência
e de criatividade.

****

O próprio Jesus dizia: "Tudo é possível àquele que crê."

Eu posso completar: "Tudo é impossível àquele que crê que é impossível."

Muita gente analisa a questão e diz: "Não".

Outros examinam a mesma situação e dizem: "Por que não"?

Você pode dizer que é impossível ler um livro no porão porque é lugar escuro; outro diz que é possível ler no porão, colocando luz.

****

A impossibilidade, no fundo, é uma obsessão negativa. Sempre há uma maneira de tornar possível o impossível.

****

Este é o momento de você derrotar todos os seus impossíveis.

De mais a mais, acreditar em milagre é ser realista, dizia David Ben Gurion, (1886-1973), fundador de Israel.

****

Qualquer impossível pode ser vencido pela soma de inteligência, ousadia, persistência e fé.

****

O famoso cientista alemão, radicado nos EUA, Albert Einstein, (1879-1955), afirmou, certa vez: "Algo é impossível até que alguém duvide e acabe provando o contrário."

Lembre a história da formiga que sete vezes tentou subir pela parede, mas na oitava conseguiu.

SUCESSO É CONTRA COISA NENHUMA

O que você quer, você pode. Este é um segredo que poucos conhecem. Você é sua força. Você é seu caminho. Você é sua luz.

Não encare sua atividade, seja qual for, como uma luta contra alguém, ou contra uma marca, uma grife, uma indústria, um produto, uma loja, um time de futebol, um partido político, ou uma empresa. Luta supõe inimigo, inimigo é imagem de perigo, tensão e ódio, situações emocionais que levam o cérebro a liberar excesso de adrenalina, que acabará por gerar tensões, que produzem hipertensões, que causam estresse, que desemboca em depressão e que redunda em desânimo total e perda do sentido da vida.

Se faz do seu negócio um campo de luta, vendo concorrentes armados até o pescoço, atirando flechas contra sua atividade, viverá em sobressaltos, tomado de desconfiança, cavando abismos, isolando-se, corroendo-se de inveja, medos e ciúmes, e os resultados serão doença e fracasso a médio ou longo prazo.

Viva e deixe os outros viverem.

Se praticar atos imorais, como criar monopólios, dumping, sabotagem, aviltamento de preços para derrubar os outros, estará incorrendo na Lei do Retorno: "Quem com ferro fere, com ferro será ferido". "De quem tira, será tirado", "Aqui se faz, aqui se paga", "Quem explora, será explorado", "Quem derruba, será derrubado".

Não seja contra ninguém, mas *a favor de si mesmo,* do seu empreendimento, do seu produto, da sua marca, do seu negócio, da sua mensagem. Empenhar-se de corpo e alma a favor de si mesmo, do sucesso da sua grife, marca, time, empresa, sociedade, teoria, gera a genialidade da própria conquista, sem afetar a amizade, o bom sentimento, o amor cristão, a cordialidade, a fraternidade, a solidariedade e união dos povos.

****

Não seja contra ninguém,
mas *a favor de si mesmo* e
do seu empreendimento.

****

Por outras palavras, você não vai lutar contra, mas vai agir entusiasticamente na conquista do seu sucesso.

Lutar ou competir contra alguém ou alguma organização, produz mal-estar; batalhar a favor de si, do seu time, da sua empresa ou organização, sempre traz sentimentos agradáveis, prazerosos e benéficos.

O planeta é nossa casa, todos somos irmãos, e cada um está cumprindo missão benfazeja para o bem-estar da grande família humana.

TODOS TÊM LUGAR AO SOL

Lembre-se que o sol nasceu para todos e as riquezas do universo são infinitas.

No mundo há lugar para todos e todos são necessários: grandes, pequenos, médios, pesados, leves, vagarosos, rápidos, caros, baratos, de qualidade superior ou baixa, de grandes e pequenas tiragens, à vista e a prazo, de longe e de perto, enfim, faça o que fizer, há espaço para todos.

****

No mundo, há lugar para todos e todos são necessários. O sol ilumina e aquece indiscriminadamente, sem perder seu brilho e sua força.

****

Não se trata sequer de competição e sim de competência, de saber fazer, embalar, mostrar, vender e colher.

Tome o exemplo de uma floresta: há árvores grandes, pequenas, médias, minúsculas, rasteiras, agarradas a outras árvores, parasitas, e todas vivem a sua vida, cada qual beneficiando o todo e o todo beneficiando cada uma.

A diversidade faz a ordem da natureza. É um

exemplo da convivência humana.

Sei que você é inteligente e quer sucesso não só nos negócios, como também no amor, na paz, no relacionamento, na saúde, na fraternidade, no serviço social.

LUCRO É BOM E NECESSÁRIO

Busque o lucro. Queira o lucro. Abençoe o lucro. Faça amizade com essa palavra.

Há certos ideólogos medíocres que querem meter na sua cabeça a ideia de que ser cristão e solidário e social é contra o lucro. Esses colocam no mesmo saco lucro e exploração.

Por favor, não pense que negócio é obra de caridade. Lucro é fundamental. Sem lucro, você se prejudica e prejudica sua empresa, seus funcionários, credores, vendedores, e terá que fechar as portas.

O lucro justo é o resultado benfazejo do trabalho e único caminho do progresso, de novos empregos e da evolução social.

Lucro justo é também sinônimo de sucesso.

DESCAMINHO JAMAIS LEVA AO SUCESSO

Para completar, sucesso sempre diz respeito a uma realização positiva.

Se alguém projetou incendiar a casa do inimigo e conseguiu, não pode dizer que houve sucesso, mas apenas que realizou seu malfadado intento.

Por que não houve sucesso?

Primeiramente, porque não foi alcançado resultado positivo e nem benéfico, para ninguém, já que redundará em ódios, condenação, mal-estar, punição, culpa. O mal atrai o mal, consequentemente os resultados, longe de serem benéficos, serão prejudiciais e negativos. O que é negativo e prejudicial atenta contra a pessoa, logo é inexato chamar de sucesso.

Em segundo lugar, porque os meios usados foram hediondos, maldosos.

Os meios para a obtenção do sucesso necessariamente serão positivos, justos, honestos, corretos.

Já dizia o Mestre: "Nenhuma árvore má produzirá frutos bons."

Diz a Filosofia: "Os fins não justificam os meios." Significa que não se pode utilizar processo escuso, indecente, nefasto, para se chegar a um fim bom. Não se pode, por exemplo, roubar dinheiro de um cidadão para construir casa própria.

Os caminhos positivos e justos para alguém atingir seus objetivos são ilimitados. Para tanto, você foi dotado de inteligência, capacidade, dons, vontade, sabedoria, intuição, clarividência, poder interior. Acrescente-se a experiência, o estudo, o aprendizado, a cultura, a especialização, os modelos existentes, os ensinamentos. Mais a fé, a força interior, a determinação. E, ainda, o auxílio humano e a corrente cósmica que favorecem e facilitam.

Meios positivos e benéficos existem aos milhões. São inesgotáveis.

Quando a mente consciente não vê o caminho, invoque-se a Sabedoria Infinita e o Poder Divino, imanentes em toda criatura humana, e os resultados serão infalíveis.

Você verá, mais adiante, como isso funciona.

Muita gente se ilude pensando que consegue sucesso definitivo por meios escusos, como violência, injustiça, intriga e desonestidade. Propor-se, por exemplo, ser presidente da república e consegui-lo por meio de fraude, violação das urnas, chantagens, ameaças, sabotagens, não é sucesso, porque este exige que o objetivo seja atingido por meios positivos. No caso, o que ocorreu foi uma usurpação. Como, pela lei da mente, o que se planta se colhe, usurpação produz usurpação. Planta torta não produz sombra reta.

Tudo que é falso, cai na desgraça, mais cedo ou mais tarde.

Toda mentira morre por si mesma.

A falsidade, a fraude, o roubo, o calote, a violência, são, além de tudo, fruto da incompetência e esta é antissucesso. O incompetente pretende sempre tapar o sol com a peneira. Tempo perdido.

É bom lembrar que todo ato se paga a si mesmo: maldade produz maldade.

Há uma frase consagrada na sabedoria popular, que diz assim: "Ninguém pode enganar muitos por muito tempo."

Os assaltantes, bandidos, sequestradores, ladrões, enganadores, fatalmente acabarão caindo na vala comum dos desgraçados.

Talvez você tenha a equivocada crença de que, para subir na vida, é preciso passar os outros para trás, porque o mundo é dos espertalhões. Examine a vida dos que assim procedem e se surpreenderá em saber que todos são literalmente fracassados. Sim, porque o mal nunca pode produzir o bem, a sombra jamais ofuscará a luz do sol. O descaminho jamais levará ao caminho.

****

Para não perder tempo e
dinheiro, acerte, desde já, o
caminho do sucesso.

****

Fora do verdadeiro caminho do sucesso sobra o ilusório, o provisório, a frustração. Seguir por essa rota é perda de tempo.

É bom compreender que não estou falando a linguagem da religião: falo em termos de Leis universais, criadas pelo Infinito, que regem irrevogavelmente a vida humana. São Leis que se cumprem por si mesmas, quer a pessoa saiba ou não, acredite ou não, queira violá-las ou não. São Leis como as da física, da química, da eletricidade. Se você puser água no fogo, ela vai ferver, quer você saiba ou não, admita ou não, acredite ou não.

Use, desde já, seu tempo e vida para acertar o caminho do sucesso.

PARADO ATÉ A CRISE PASSAR?

Pode ser que atualmente você esteja metido em empreendimento deficitário e tenha que passar o tempo todo apagando incêndios. Se usa seu tempo só para resolver situações urgentes, quando sobrará espaço para cuidar das coisas importantes da empresa e para criar novos produtos, novos projetos, novas demandas? Parado que nem jacará ao sol na beira do rio, esperando a crise passar, só pode piorar tudo. Parar é retroceder. É melhor errar na hora certa do que acertar na hora errada, dizem os entendidos.

Acredite no seu sucesso. Seja qual for sua situação, sempre há um caminho novo a ser trilhado com êxito.

Os que navegam em águas vitoriosas são detentores de algum segredo desconhecido do comum dos mortais.

O que posso afirmar-lhe, desde já, é que todo ser humano foi feito para o sucesso. Este é o legítimo destino do homem.

Por que garanto o seu sucesso? Como posso assegurar que, a partir de agora, você vai ter e ser sucesso?

Acompanhe-me.

DECIDIDO

Agora tudo é sucesso!

3

A via do sucesso

Até aqui você abriu clareira para novo caminho. Era importante. Lembre-se daquela surrada frase: se percorrer o mesmo caminho, chegará onde sempre chegou. Seu interesse agora é seguir a linha reta do sucesso. Então, avante!

AFINAL, O QUE É SUCESSO?

Se você pergunta o que é uma estrela, há que aclarar se está se referindo a uma estrela do céu ou a uma estrela de cinema.

Sem saber o que significa sucesso, podemos estar falando linguagem diferente.

Sucesso é realização plena, por meios positivos, de determinada meta positiva, no tempo devido.

Diz o dicionário Aurélio Buarque que sucesso é bom êxito, resultado feliz.

Se você projetou faturar um milhão de reais ou

um milhão de euros mensalmente, e alcançou o objetivo, obteve sucesso.

Sucesso não é sinônimo de fama. Esta significa aclamação pública, prestígio, aplauso, admiração. Quanto maior a dimensão do público ovacionante, maior a fama. O número de fãs e admiradores determina o grau da fama. Não há fama sem séquito de fãs.

Sucesso é objetivo alcançado.

Fama é prestígio adquirido.

O sucesso satisfaz, a fama fascina.

Fama é aclamação, sucesso é resultado.

Fama é prescindível, sucesso é necessidade vital, essencial.

****

Sucesso é sempre essencial, fama não.

****

É claro que sucesso com fama pode melhorar muito a performance dos resultados. Ou prejudicar.

Fama com sucesso também pode formar bom casamento. Porque o sucesso dá consistência à fama.

O VERDADEIRO SUCESSO

Sempre que você se determinou um objetivo positivo e o alcançou por meios honestos – obteve sucesso.

A palavra sucesso determina fato consumado.

Não se pode falar de sucesso se ainda falta conseguir o objetivo proposto. Sucesso é resultado, lembre-se bem.

Mesmo que se diga que alguém é um sucesso, a afirmação está baseada em resultados obtidos. Mas, nem por isso significa fim de linha. Toda a caminhada deve ser pontilhada de sucessos. Degrau sobre degrau, sucesso sobre sucesso.

DICAS DE SUCESSO

O primeiro segredo do sucesso é a descoberta de que ele está ocultamente embutido no âmago de todo pensamento positivo.

Vamos refletir: é verdade corriqueira que toda pessoa tem poder de criar ideias, projetos, programas, metas, ideais, objetivos, sonhos maravilhosos. Se pudesse criar na mente e não pudesse tornar realidade, ficaria flagrada uma falha odiosa no projeto humano. A vida seria um blefe. Se você acredita na origem divina do ser humano, tem certeza de que nas contas do Criador só podem existir sucesso, abundância, prosperidade, felicidade, amor e todas as boas coisas da vida.

Vou repetir, que vale a pena gravar: ao poder de criar segue-se o poder de materializar. O mental contém o material. A substância contém a forma.

Este é o segredo que pouca gente sabe: a criação mental já contém a realidade material. A natureza também ensina essa verdade: a pequena semente de eucalipto já contém a enorme árvore que acontecerá.

Entenda que o milagre mais estupendo não é a materialização do pensamento, como muitos supõem, mas a capacidade de criar pensamento a partir do nada. Ao gerar uma ideia, você produziu um incrível milagre, porque do nada nasceu a sua realidade mental.

Se você fez o mais difícil, é lógico que fará o mais fácil.

Tudo que você puder criar na mente, por mais fantástico que seja, pode concretizar.

Orison Swett Marden, (1850-1924), escritor americano, médico, bem-sucedido proprietário de hotel, um dos fundadores do *Movimento do Novo Pensamento* e criador da revista *Sucesso* em 1897, escreveu: "A alma obtém tudo que conceber e realmente desejar". (Os Milagres do Pensamento).

****

Ao poder de desejar, segue-se necessariamente o poder de materializar.

****

O sucesso é precisamente a clarificação dessa verdade: "Você tem o poder de realizar tudo que quiser."

Todo sucesso é efeito de causa mental.

Vamos, tire da gaveta seus projetos, que esta é a hora de começar a realização.

Saiba, desde logo, que sucesso não requer cultura máxima, experiências científicas, treinamentos exaustivos, carradas de sorte, imensa capacidade de investimento, caminhos abertos, apoio logístico.

Tudo isso é bom, mas não é condição indispensável.

O segundo segredo do sucesso é que sua palavra tenha fogo interno. A base definitiva do sucesso é ter um projeto abrasado pelo entusiasmo.

O terceiro segredo é que sua palavra tenha vida. Significa acreditar nela e começar a pô-la em prática.

Ralph Waldo Emerson, (1803-1882), foi um famoso escritor, filósofo e poeta norte-americano. Afirmou: "Vencem os que acreditam que vencerão."

O grande filósofo grego Aristóteles, que viveu aproximadamente 300 anos antes de Cristo, garantiu: "O que você espera que aconteça, acontece."

****

A base definitiva do sucesso é acreditar nele.

****

Emerson disse, ainda: "Nenhuma aptidão, nenhum auxílio, nenhum treinamento, será capaz de compensar a falta de fé."

A força mais irresistível que conduzirá você ao sucesso, mais poderosa que os auxílios, os treinamentos e os dons naturais, é acreditar no objetivo.

É por isso que garanto o seu sucesso.

O simples fato de abalançar-se a ler esta mensagem, demonstra que você acredita numa grande virada, admite que o seu caso tem solução e, acima de tudo, que pode alcançar a maior conquista da sua vida.

Vire a mesa, vire as ideias, derrube os bloqueios, que o sucesso o aplaudirá delirantemente.

Pode quem pensa que pode.

Os outros puderam, você também pode.

A fé remove montanhas e tudo alcança.

Você pode. Sem dúvida.

SUCESSO É O ÚNICO CAMINHO

Sucesso é a fusão entre querer e ser, desejar e ter, criar e realizar, pedir e receber. Se houver fissura entre a criação mental e a realização material, o sucesso sumiu.

O ser humano foi feito para o sucesso. No seu verdadeiro caminho, só pode existir sucesso. Às vezes, ocorre desvio de rota, mas o sucesso, sempre atento e solícito, chama você para a via certa.

A vida humana, a verdadeira vida, ou seja, a matriz da vida, tem o nome de sucesso: nasceu do bem, foi feita para o bem, busca o bem, produz o bem, e vive o bem. É como um trem maravilhoso e confortável, seguindo viagem agradável, atravessando momentos de belas paisagens, desfrutando a alegria interna, e sempre chegando ao destino.

VOCÊ, SEU PENSAMENTO E A REALIDADE

Você foi feito para o sucesso e jamais se sentirá realizado enquanto não o alcançar.

Você, o seu pensamento e a realidade, são uma trindade indissolúvel. Exigem-se. Jamais tente romper o que foi feito para estar unido.

Você é o autor do seu destino. Sua vida depende de si.

Você é autor, ator e espetáculo existencial.

O seu pensamento é seu ato criador. Você e seu pensamento são unidade inseparável.

Você existe; logo, pensa. Pensar é criar. Seu pensamento é roteiro e exercício do espetáculo da vida. O que você pensa de forma unívoca, acontece. O sucesso depende do conteúdo do seu pensamento. Aí começa o seu destino.

****

O mundo material
é sempre efeito
do mundo mental.

****

Se o seu pensamento for criativo e positivo, a realidade será correspondente. Lei de causa e efeito. Toda nova realidade começa na mente.

Emerson, citado há pouco, escreveu: "Causa e efeito, meios e fins, semente e fruto, não podem ser separados, pois o efeito já está contido na causa, o fim de antemão nos meios, o fruto na semente."

Só existe um caminho para si: pensar o bem, o bom, o útil, o aprazível, o benéfico, o agradável, o delicioso, o justo, o prazeroso, o saudável, o sucesso. O resto é desvio de percurso.

A sua realidade é consequência dos outros dois fatores, ou seja, você e seu pensamento. Para onde você e seu pensamento forem, para lá irá sua realidade. Esta se mantém perenemente atrelada à dupla. Vou repetir.

****

Para onde você e seu pensamento forem, para lá irá sua realidade. Esta se mantém perenemente atrelada à dupla.

****

Sei que você tem ganas de contestar a afirmação e garantir que a sua realidade é muito diferente do que tem desejado. Sim, pode ser diferente dos seus desejos, mas é a cara dos seus pensamentos e crenças.

Se quer progredir no trabalho e ganhar mais, mas tem a convicção de que a empresa tem padrão de baixos salários, este pensamento é a sua verdade, então você e esse pensamento negativo produzirão a sua realidade. Experimente dar uma espiada na sua vida passada: não é a resposta dos seus pensamentos e crenças?

De tudo que estou dizendo, espero dar-lhe a entender que precisa, neste momento, definir o que deseja realmente, acreditar que assim é e assim será, e pôr-se a caminho nessa direção. Logo aí na esquina, o sucesso o aguarda. Nada de diferente pode acontecer. Colherá o que plantou.

MOTIVAÇÕES BÍBLICAS

Muitas pessoas minimizam ou descartam as elucubrações bíblicas, entendendo que economia, finanças e prosperidade independem de conceitos e argumentos da terceira dimensão. Para esses indivíduos, citações bíblicas podem significar apenas ilustração curiosa, sem valor para a economia, mas, para grande parte da humanidade, incluindo inúmeros economistas, empresários e motivadores, também valem como argumento positivo ponderável.

Em outros tempos, realmente havia separação total entre religião e ciência. Uma devia deixar de se imiscuir nos assuntos da outra. Esse litígio tinha razão de ser porque a religião queria o poder de ditar ordens e regras para a ciência e esta se arrogava o direito de menosprezar tudo que assumia laivos religiosos. A religião descobriu seus exageros, principalmente no caso Galileu, cuja cicatriz permanece até hoje. Também, certos conceitos equivocados do cristianismo custam a serem deixados de lado, o que joga mais lenha na fogueira da verdade científica. A ciência, por seu lado, desconsidera o que vem da religião, colocando tudo no mesmo saco da insignificância.

Quando ofereci o livro *"O Poder Infinito da Sua mente"* e *"A Chave do Maior Segredo do Mundo"* a uma editora de Madrid, o encarregado da análise dos livros rejeitou as duas obras alegando que na Espanha há dois tipos de livros: os tradicionalmente católicos e os que não contêm nem resquícios de religião. "Os católicos espanhóis – dizia o editor – aceitam como dogma tudo o que os bispos e padres dizem, e os outros se consideram alheios e desinteressados a qualquer coisa que venha com argumentos espirituais".

Depois de ouvi-lo, sugeri-lhe:

- Muito bem, nada melhor do que pegar o marmelo e fazer uma marmelada. Agora sua editora tem a chance de aproveitar a faixa do meio, ainda incólume, para tirar proveito comercial dessa brecha e lançar meus livros, que abordam os dois aspectos.

Não houve negócio.

Toda pessoa inteligente dirá: "Nem tanto à terra, nem tanto ao mar". O cientista Albert Einstein dizia: "A ciência sem a religião é míope; a religião sem a ciência é cega".

Tudo que faz bem é bom. Tudo que se associa à verdade, é bom. Tudo que estimula o ser humano a explodir seu entusiasmo e oferecer forte motivação, por que deixar de lado? Uma frase bíblica pode ser a energia que faltava para motivar alguém a tomar medidas extras ou para enfrentar o perigo. Da mesma maneira, a foto da mãe, as palavras do pai quando vivo, o exemplo de alguém, a frase forte de um discurso, a mulher e os filhos, a criança recém-nascida, podem ser poderoso fator de gestos grandiosos e até heroicos. Se o escritor, ou o conferencista, despreza um argumento de vigorosa motivação porque pessoalmente desacredita nele, está sendo pouco inteligente e pouco afeito à sua profissão. O alvo da motivação é o outro e não ele. O entusiasmo pode ser gerado por um estandarte, uma bandeira, um hino, uma frase de Jesus, um apelo bíblico, uma foto de Napoleão a cavalo na frente do exército, um santo acolhendo um enfermo, a própria mãe sorrindo, assim por diante.

Acho admirável a história que se conta pela qual o General romano Constantino conseguiu vencer as hostes mais bem preparadas e mais numerosas de Maxêncio, na batalha da Ponte Mílvio, em 28 de outubro de 312. Este General tinha a seu favor, como motivação, todos os deuses romanos, principalmente os da guerra. Constantino levava desvantagem nesse ponto. Como já tinha simpatia pelo cristianismo e sua mãe era cristã profunda, certa manhã, Constantino mandou reunir seu exército e disse aos Generais e soldados, mais ou menos isso: "Essa noite eu vi no céu uma grande cruz resplandecente com esse letreiro em letras de fogo: "In Hoc Signo Vinces". (Por este sinal vencerás). É nosso sinal de vitória. Vamos à luta e conquistaremos o império romano!" De manhã, mandou pintar uma cruz nos escudos dos soldados e lançou-se à luta impondo fragorosa derrota sobre Maxêncio. Seja a visão verdadeira ou não, acreditasse Constantino em Jesus Cristo ou não, o fato é que usou a força mais poderosa de motivação para os soldados: que Deus estava do lado deles.

Gosto de usar todos os meios benéficos e eficientes para alcançar os objetivos da minha palavra. Agora, por exemplo, entro no campo da bíblia para dizer que você tem poder de sucesso total. Caso a Bíblia lhe seja terreno neutro ou indesejável, siga adiante. Cada um aproveita o que lhe diz respeito.

DEUS: EXEMPLO CRIATIVO DE SUCESSO

Invoco aqui a parábola bíblica da criação do mundo. Javé fez o mundo em cinco dias, depois criou seres à sua imagem e semelhança, "para presidir a obra da criação e dominar em toda terra". A seguir, diz a Escritura, Deus descansou. Ora, Deus não cansa e nem descansa; significa que, a partir desse momento, pertence a esses seres, detentores do poder divino criador, continuarem a obra da criação do mundo.

O Criador usou com sucesso total o poder da sua palavra. À sua ordem mental, surgiu o mundo material. Concluída sua parte, criou o homem e a mulher para prosseguirem, através dos tempos, a obra da criação.

Também pelo poder da palavra, ou seja, usando o poder da sua mente.

Diz a Bíblia: "Formarás os teus projetos, eles terão feliz êxito, e a luz brilhará em teus caminhos". "Formarás" significa pensarás os teus projetos. Criação mental. Consta ainda, na Bíblia: "A bênção do Senhor dá a riqueza e não a faz seguir de sofrimento". Esta frase joga no lixo o escrúpulo dos que pensam que a pobreza é desígnio da vida e de Deus. Para completar, cito o Mestre: "Seja o que for que desejardes, quando orardes crede que tendes alcançado e alcançareis". Fiz essas inserções, porque muita gente e muitos empresários se sentem seguros quando acreditam que têm a mão divina a seu favor.

Penso que seja útil apontar aqui as quatro colunas básicas sobre as quais Deus assentou a criatura humana: 1) Sabedoria, para criar e discernir; 2)liberdade, para escolher; 3) poder, para realizar; 4) Felicidade, como estado de ser.

Pela sabedoria, você saberá criar o que é bom para si e para a humanidade; pela liberdade, deverá escolher o que faz bem a si e ao mundo; pelo poder, verá realizada a sua palavra; pela felicidade, sentirá o prazer da vida. A verdadeira dimensão humana está explicada nesses quatro pilares.

- Mas, o que tem a ver tudo isso com sucesso?

- Pois, se você sabe que tem sabedoria para criar seus projetos, seus desejos, suas metas; se percebe que tem liberdade para escolher o que quer e aonde chegar; se entende que tem poder para realizar seus planos e pretensões; e se tem a compreensão de que a felicidade é seu estado de ser – você indiscutivelmente é um sucesso.

Na verdade, a humanidade prosseguiu a obra da

construção do mundo. Você vê edifícios, carros, aviões, aparelhos eletrônicos, usinas, máquinas, equipamentos de todo tipo, utensílios, produtos, tudo isso é resultado do poder criador humano.

****

Você foi feito para o sucesso e vibrará de alegria ao alcançá-lo.

****

O exercício do poder criador e o resultado obtido, são o melhor argumento de que o sucesso é da essência humana. Somente o êxito lhe diz que está agindo como filho de Deus eficiente.

O SUCESSO É FÁCIL

É tão fácil ser infeliz quanto ser feliz. É tão simples ter sucesso quanto fracassar. Pensar positivamente ou negativamente despende a mesma energia.

O seu barco vai para onde o leme dos seus pensamentos e crenças determinar.

Liberte-se da crença de que tudo que é bom é difícil. Faz-me lembrar o amigo que me falou: “Por que será que tudo que é bom ou é pecado ou engorda?!” Respondi à sua brincadeira, dizendo que tudo que faz bem é bom.

O ato de pensar é simples, mas determinante. Você colhe o que planta na mente. É a Lei.

O maravilhoso é que o sucesso fascina, atrai, rompe barreiras, vence obstáculos, supera canseiras e produz inesquecível sensação de conquista. É lindo ver a bandeira desfraldada no topo da sua empresa, com o logotipo dos seus sonhos. É delirante ver você criar, produzir, fixar a marca numa estrela brilhante, ganhar mercado e corações. Pois, esse é seu caminho e o universo abençoa você.

SUCESSO É ESSÊNCIA VITAL

Ser bem-sucedido é da essência humana. É necessidade existencial.

A sua realidade intrínseca conspira sempre a seu favor.

Seja qual for a situação atual, sua mente bate à sua porta, dizendo:

- Vamos, levante a cabeça, mostre-se ao mundo, apresente seu projeto, faça a sua parte, confie, vibre, persista e colha os loiros, que você merece!

Seu coração pulsa feliz, abre-se ao sol da vida, irradia entusiasmo, ilumina seus passos e o anima prazerosamente com essa mensagem: "Você é grande, é maravilhoso, a humanidade ama você, o Infinito o abraça, e eu derramo cascatas de energias sobre seu corpo. Eu sou seu entusiasmo. Eu sou seu coração. Eu sou a força do seu sucesso!"

****

Levante a cabeça.
Mostre-se ao mundo!
Você é presença indispensável.

****

FUNDAMENTAL: PENSE SUCESSO

Ainda há pouco, falei da força do pensamento. Hoje em dia, todos invocam o poder do pensamento positivo para mudar qualquer situação, por pior que seja.

Pode-se provar que é realmente assim?

Vamos lá: você é o que for sua mente. O ser humano é sua mente. E a mente é o que forem os pensamentos.

Joseph Murphy, (1898-1981), um dos grandes autores da ciência do Poder da Mente, escreveu, certa vez: "Os pensamentos são coisas; as ideias se realizam; o que sentimos nós atraímos; o que contemplamos é aquilo em que nos tornamos."

Para ser sucesso, pense sucesso.

Impregne-se de pensamentos de sucesso.

Envolva-se na aura do sucesso.

Assim como forem seus pensamentos, assim será sua vida.

Se vive falando em crise, fracassos, insolvência, problemas, falta de dinheiro, contenção, tudo isso encerra apenas um significado: estagnação.

Você é e tem o que pensa.

É exatamente neste ponto que fracassam inúmeras pessoas. Querem o sucesso, mas a mente está mergulhada em negativismos. Traçam metas de sucesso, mas estacam à beira do caminho, porque acham que a situação está muito difícil. Mentalizam sucesso pela manhã e à noite, mas passam o resto do dia com a mente saturada de pessimismo e de crenças negativas sobre o momento econômico. Sem dúvida, a balança pesará mais para este lado. E a realidade também.

****

A realidade acompanha o pensamento.

****

Para onde penderem suas crenças diárias, para lá penderá sua vida. É bom recordar.

REFORCE OS PENSAMENTOS BENFAZEJOS

É bem provável que, nas atividades do dia, encontre pessoas negativas e desanimadas, ouça mensagens de pessimismo, se depare com fracassados que se dedicam a desestimular os outros, enfrente situações de aborrecimento, tenha que suportar gente mal-educada, no entanto nada deterá seu bom humor e a certeza de que a paciência e a tolerância fazem bem a si e à humanidade.

Digam os outros o que disserem, confie em si.

****

A realidade
é filha do pensamento.

****

Recarregue as baterias lendo livros de sucesso, recordando homens exitosos, que também tiveram seus tropeços, mas venceram.

Você é seu pensamento: somente conseguirá o que pensa que conseguirá.

Jamais alcançará sucesso maior do que o tamanho dos seus pensamentos.

Pense grande e será grande.

Nutra-se de sentimentos de simpatia, bondade e amizade para com as pessoas e você atrairá número sem fim de clientes.

Mentalize em nível alfa, e repita sua mensagem interior muitas vezes ao dia, para que esse maravilhoso acervo de pensamentos, sentimentos e crenças positivas e agradáveis, se transforme em estado de ser.

A mentalização é uma forma poderosa de indexar novos valores e qualidades à sua personalidade.

Aquilo que o homem pensa com todo fervor, aquilo ele é - disse o profeta e rei Davi.

Você será irresistível. Maravilhosamente irresistível.

ANTES DE TUDO, OCUPE SEUS ESPAÇOS VAZIOS INTERNOS

Antes de fazer o mais difícil, faça o mais fácil. Antes de ocupar outros territórios, domine o seu próprio.

Ocupe os espaços vazios interiores, senão poderá gastar energias buscando lá fora o que tem dentro de si.

Veja o que escreveu o grande filósofo, teólogo, pensador e santo, Agostinho de Hipona, (354-430): "Não vás para fora, volta a ti; no interior do homem habita a verdade."

****

Descubra e valorize suas qualidades, dons, habilidades e capacidades.

****

Seu mundo interior é uma vastidão repleta de tudo o que você deseja e necessita para alcançar o sucesso.

O caminho da vida é para dentro, porque aí estão seu poder criador, suas qualidades, suas energias, a sabedoria que o guia, e o sucesso que busca.

Você é muito mais do que dizem. Tomara que jamais seja daquelas pessoas que só pensam mal de si, como aquele que dizia estar só e mal acompanhado. Se você se concentrar nos seus defeitos, a arrancada para o sucesso se tornará muito penosa.

Mesmo que seja uma pessoa com autoestima elevada, é certo que tem muito mais qualidades do que supõe. Clarifique as qualidades que já descobriu, ponha à luz os valores que os outros disseram que você tem, e procure as preciosidades que jazem escondidas em seu íntimo.

Dê uma polida nos dons, habilidades, talentos e capacidades, que estão jogados em algum canto da sua mente, e eles brilharão na sua vida.

Às vezes, um curso, um seminário, uma palestra, podem cometer o milagre de fazer explodirem qualidades que permaneciam adormecidas no fundo do seu subconsciente.

Acredite que você é muito mais do que foi até hoje. Quem sabe, tenha até aqui desvendado apenas trinta por cento da sua grandeza. Muita gente, que vivia na mediocridade, só foi descobrir grandes dimensões do seu talento e da sua força interior quando se viu a braços com situações dramáticas.

Se você tem, por exemplo, o dom da palavra, pratique-o, cultive-o, aperfeiçoe-o, e ele será muito útil na sua escalada do sucesso. Pode ocorrer que tenha o dom da música, do canto, do sorriso, da bondade, da persistência; ou, então, o dom da criatividade, do desenho, da concentração, de aprender idiomas, de fazer amigos, de influenciar pessoas, de liderança; ou, enfim, sua aptidão pode estar voltada para áreas psicológicas, mecânicas, eletrônicas, comunicações, esportes, invenções, medicina, algum campo especial.

Preencha seus espaços vazios, já que este é o primeiro passo e o mais fácil.

Veja onde se situa sua melhor percepção, atenção e concentração: se a visual, a auditiva, ou a cinestésica, e explore essa facilidade.

Em que momentos você aprende melhor e produz mais? Quais são as horas de maior produtividade? Como funciona seu relógio biológico?

Há pessoas que trabalharam no balcão durante anos e, por qualquer eventualidade, descobriram o dom de cantar; outros viveram a rotina do dia-a-dia até que foram ao palco e acabaram se tornando grandes atores. Quanta gente passou anos a fio tocando algum instrumento e compondo músicas para guardá-las na gaveta, quando, certo dia, alguém descobriu o talento e a vida mudou.

Desenvolva suas potencialidades em todas as direções, dando ênfase aos seus pontos fortes, principalmente os esquecidos e pouco valorizados.

****

Os caminhos do sucesso se tornam mais abertos quando você amplia os espaços da sua personalidade e da sua capacidade.

****

A fantasia, a imaginação e a criatividade, são placas indicativas de qualidades e ideais subjacentes.

4

Os sete passos do sucesso

Quando você conhece o caminho, tudo fica mais fácil.

Todos querem o sucesso, inclusive já tentaram chegar a ele por diversas vezes. Uma legião imensa de pessoas, no entanto, só colhe frustração. Daí o desânimo e a descrença. Mesmo que você tenha falhado mil vezes, é equívoco concluir que sucesso é loteria ou privilégio de uma minoria afortunada.

Garanto-lhe que é fácil chegar ao sucesso. Basta acertar o caminho.

Veja aqui os sete passos essenciais para o sucesso. Sem eles, está perdendo tempo.

Siga este roteiro e a vitória será completa.

Primeiro passo do sucesso: saiba o que quer

Sem saber o que quer, para onde irá? Sem objetivo, como pode haver sucesso?

Sem saber para onde vai, chegará ao lugar errado. Sucesso é sempre efeito de uma causa mental. O primeiro passo, pois, é criar a causa mental. Isto parece muito claro, mas, segundo um grande industrial e construtor naval norte-americano, chamado Henry Kaiser, (1882-1967), "uma pesquisa revelou que nove entre dez pessoas não tinham plano definido na sua existência". O escritor norte-americano Robert J. O'Reilly, (1950), revelou: "Em cada dez pessoas, nove vivem hoje a esmo. Talvez você próprio". Mais adiante, o mesmo autor voltou à carga e disse: "A grande maioria das pessoas não têm realmente a mais vaga ideia do que deseja de fato da vida." Eis aí uma afirmação estarrecedora. Diante de tais estatísticas, fica fácil compreender porque milhões de pessoas caminham ao relento, mergulhadas no próprio vazio. Graças a Deus, você está entre os dez por cento da pesquisa.

O sucesso é pessoal, fruto do seu projeto, do seu ideal, da sua força de vontade, da sua determinação, e da sua chegada ao resultado. É claro que, para esse desiderato, você pode e deve servir-se de meios propiciados por pessoas, máquinas, instituições, seja lá o que for.

Já viu alguém comprar sucesso numa farmácia? Ou importar uma tonelada de sucessos?

Anthony Robbins, (1960), neurolinguista de renome, tanto por seus livros quanto pelas palestras, em certo momento da vida, como as coisas iam mal, tratou de virar a mesa e acertar-se consigo mesmo. Disse ele:

"A coisa mais importante foi mudar o que eu exigia de mim mesmo. Fiz uma lista de todas as coisas que não aceitaria mais na vida, de todas as coisas que não ia mais tolerar, e de tudo o que eu aspirava ser." (Desperte o Gigante Interior).

Determine agora qual a meta que deseja atingir e desapegue-se das coisas e ideias que o puxam para trás.

Dizia Norman Vincent Peale, (1898-1993), que jamais se alcança uma meta indefinida.

O mundo e a humanidade toda giram em torno de objetivos: o avião, o trem, o ônibus, o táxi, saem em busca do objetivo predeterminado.

Talvez você já saiba o que pretende. Neste caso, escreva claramente para que sua mente apreenda com nitidez. Seja bem específico.

O pior é que muita gente tem tantos projetos de vida que nem sabe por onde começar. A cabeça entra em parafuso. Entre os objetivos que pululam sua mente, estão os que sonha realizá-los; os que os pais querem que atinja; os que pensa que deve perseguir porque dão dinheiro ou status; os que os amigos sugerem; os que os testes assinalam; os que deram sucesso aos outros e deseja que lhe aconteça o mesmo; os que são determinados pelas circunstâncias atuais; os que são estimulados pelas crenças, ideologia ou filosofia. E aí fica você paralisado, como aquela vez que a lagartixa perguntou à centopeia qual era o pé que ela movimentava primeiro, quando começava a caminhar e, depois, qual era a ordem dos pés durante a caminhada. A centopeia ficou tão confusa que nunca mais andou.

MÉTODO SIMPLES PARA SABER SUA PROFISSÃO

Se ainda alimenta dúvidas sobre o que realmente deseja da vida, aprofunde-se em meditação, até vivenciar com nitidez seus sonhos maiores.

Tome uma folha de papel e alinhe todas as metas que lhe batem à cabeça. Agora, vá por eliminatórias. Marque as metas que lhe dão mais prazer, ou seja, que mais gostaria de fazer. Dentre esses objetivos, assinale as três que mais lhe interessam e mais o entusiasmam. E siga por esse caminho.

A Dra. Joyce Brothers, em seu livro "Como Conseguir Tudo o que Você Quer da Vida", apresenta o seguinte método: "Tome uma folha de papel e uma caneta e, de repente, sem parar para pensar, escreva, como lhe der na cabeça, as três coisas que mais deseja neste mundo, tudo o mais depressa possível." Ela explica a razão deste método: "No momento em que uma pessoa escreveu num papel as três coisas que mais deseja, e as escreveu o mais depressa possível, sem um pensamento consciente, em geral começa a delinear-se um esboço do que realmente quer. Qualquer um pode usar essa técnica. Não requer nenhum treino especial."

Acertada a dimensão total das suas metas, estabeleça o que pretende a curto, médio e longo prazo.

Agora sorria feliz, porque deu o passo mais importante.

MANTENHA O FOCO

Esteja atento ao foco do seu projeto. Poderá haver pessoas e situações que intentem desviá-lo do seu ideal. Uma boa medida é deixar de comentar seus sonhos e projetos com aqueles que vão ridicularizar. Basta que você e Deus, seu sócio fiel e todo-poderoso, saibam.

O professor universitário Omar Souki, em seu livro "Acorde! Viva o Seu Sonho", escreveu: "O sucesso ocorre quando comunicamos nossas metas de forma clara para nós mesmos e para o universo." Você é o foco.

Descarte todos os desejos diluídos e mornos.

Segundo passo: acredite na realização

Se você acredita que atingirá as metas, deu o passo mais firme e decisivo.

Acreditar no resultado é fundir a substância mental na forma material.

A fé gera o mais perfeito e poderoso padrão de pensamento, porque descarta medos, desânimos, frustrações, retorno, hesitação.

Lembre-se que a fé remove montanhas.

Qualquer meta acreditada jamais falhará.

Sua palavra unívoca move céus e terra para chegar ao resultado.

A fé sempre repudia os impossíveis e desconhece o fracasso.

A fé torna atingível qualquer meta inatingível. Além de tudo, encontra o caminho da realização do objetivo.

A fé é a certeza do sucesso.

William James, (1842-1910), filósofo e psicólogo pragmático norte-americano, escreveu: "Nossa fé, ao iniciarmos um empreendimento duvidoso, é a única coisa que assegura o bom êxito dele".

E Anthony Robbins, (1960), acrescentou: "Aprender a ter fé é de importância capital. É o fator básico do sucesso em qualquer empreendimento. Quando você espera o melhor, está liberando, em seu espírito, uma força magnética que, pela lei da atração, tende a trazer-lhe o melhor". (Poder Sem Limites).

A fé na realização da meta arranca forças do Infinito e abre os caminhos necessários.

FÉ NO OBJETIVO É O SEGREDO

Quando você acredita em alguma coisa, você a vê.

Quando você a vê, ela existe.

Quando ela existe, está à sua disposição.

Quando está à sua disposição, você a apanha.

Isto é sucesso.

****

Fé é partir da realidade
mental – início indiscutível
de tudo – para chegar
à realidade física.

****

Fé é o caminho do sucesso.

"Fé – como escreveu o apóstolo Paulo – é a posse antecipada daquilo que se espera, um meio de demonstrar realidades que não se veem."

O homem de fé deixa de se localizar na sua posição atual para se situar no ponto de chegada. Ora, nada mais essencial para o sucesso do que esta maneira de ser, de pensar e de se posicionar.

****

Fé é a força irresistível
que funde o objetivo mental
no objetivo real.
Esta fusão chama-se sucesso.

****

O homem de sucesso só tem duas opções: "Acreditar ou acreditar".

"Fé – ensinava o Mestre Jesus - é crer firmemente na realização da sua palavra." É ter certeza absoluta de que sua meta será alcançada. É admitir, sem mas nem més, que o sucesso é a única maneira de realização humana.

Você será o que quer ser afirmando que já é – escreveu Catherine Ponder, (1927), em seu livro "As Leis Dinâmicas da Prosperidade".

Você terá o que quer ter, afirmando que já tem.

***

Agora crie um quadro mental em que visualiza o objetivo já plenamente alcançado. Concentre-se até que consiga formar essa imagem. A imaginação é a força todo-poderosa que atua sobre o subconsciente, levando-o a materializar a meta desejada.

Mantenha esse padrão mental, reafirme-o muitas vezes, e ele se solidificará.

Terceiro passo: entusiasmo

A força do seu projeto é proporcional ao entusiasmo que lhe causa.

Norman Vincent Peale, (1898-1993), líder e escritor do pensamento positivo, afirmou, certa vez: "O homem de sucesso tem entusiasmo; um bom trabalho nunca se faz a sangue frio; é preciso calor para forjar qualquer coisa. Cada grande realização é a história de um coração ardente." (O Poder do Pensamento Positivo).

Voltando ao assunto, Peale insistiu: "A pessoa sem entusiasmo está tentando movimentar a máquina da vida com água morna. Só uma coisa pode acontecer: o motor vai afogar. Lembre-se, o entusiasmo é eletricidade na bateria. É o vigor do ar, é o calor do fogo, é o fôlego da vida em tudo que vive". (Idem)

Tenha certeza de que o entusiasmo o conduzirá infalivelmente ao sucesso.

Para reforçar essa verdade, cito ainda Walter Chrysler, (1875-1940), grande líder industrial, criador da famosa marca Chrysler: "O verdadeiro segredo do sucesso está no entusiasmo. Sim, mais que entusiasmo, eu diria mesmo excitação. Gosto de ver homens excitados. Quando ficam excitados, fazem da vida um sucesso."

O psicólogo, psiquiatra e psicanalista alemão, Carl Gustav Jung, (1875-1961), chegou à seguinte conclusão: "Sem emoção, a escuridão não pode se transformar em luz e a apatia não pode se transformar em movimento."

Siga os impulsos da sabedoria interior que explode energias quando atinge a chama do coração.

Efeito do entusiasmo: sucesso.

Quarto passo: busque conhecimentos

Nem precisaria nomear esse item, já que é próprio da pessoa inteligente saber tudo que se refere ao seu empreendimento. Por que cometer os mesmos erros que outros já cometeram? Por que deixar de aproveitar os conhecimentos que outros já conseguiram? Visite estabelecimentos que possam oferecer-lhe subsídios, converse com pessoas especializadas e experientes no ramo, pesquise em livros e na internet.

Muitos agem por impulso e decidem vender picolé para esquimós, outros montam máquinas obsoletas, contratam gente sem experiência, nada oferecem de diferente aos consumidores, e depois se queixam que são azarados.

Og Mandino, (1923-1996), escritor, nascido na Itália e estabelecido nos Estados Unidos da América, conhecido como "guru de vendas", escreveu num de seus livros: "A maioria de nós não faz nenhuma ideia de como transformar os sonhos em realidade."

Busque conhecimentos.

Tenha critérios na escolha de sócios e abra o olho para o tamanho dos juros, quando adquirir produtos a prazo ou buscar capital de giro nos bancos. Se possível, atravesse a rua para não passar nem perto de bancos. Se o seu produto começar mais caro que a concorrência, como quererá vender? E se vender mais barato que o custo, como poderá vencer?

Conhecer é a chave.

Quinto passo: decisão

Tudo já bem engatilhado, decida. Decisão é privilégio dos ousados e dos fortes.

Você sabe o que quer, acredita no sucesso, está explodindo entusiasmo, estudou sobre o assunto, então chegou a hora de decidir. A indecisão mata muitos talentos. Decida, sem medo. Determine-se, com a fé que abre caminhos e conduz ao sucesso.

Sexto passo: comece a agir

Conhece a história dos quatro sapinhos que estavam sobre uma folha de árvore e um deles decidiu pular para o banhado? Diga-me: quantos sapinhos ficaram na folha? Três sapinhos? Não, ficaram os quatro, porque decisão não é ação. Um deles apenas decidiu.

Jamais você terminará algo sem ter começado. Ação. Mãos à obra. Diz o ditado que projeto começado é meio caminho andado.

****

Ao seu desejo, segue-se a fé;
à fé, segue-se a emoção;
à emoção, segue-se a reação;
à reação, segue-se a ação;
à ação, a caminhada;
à caminhada, segue-se a chegada.
A chegada chama-se sucesso.

****

Comece.

Lewis Carrol, (1832-1898), foi escritor e matemático britânico, autor de *Alice no País das Maravilhas* e outras obras. É dele esta frase pitoresca: "Comece pelo começo - disse gravemente o rei - e siga até chegar ao fim; então pare."

A talentosa e carismática bailarina russa Anna Pavlova, (1881-1931), comentou, certa vez: "Seguir um objetivo sem parar, esse é o segredo do sucesso."

São Jerônimo, (Dalmácia, 340 - 420, Belém), tradutor e exegeta das Sagradas Escrituras, Doutor da Igreja, um dos luzeiros da Igreja primitiva, disse: "Comece a ser agora o que será daqui por diante."

Não é necessário que saiba, neste momento, como vai chegar. Você sabe, e isto é fundamental, que chegará. O caminho vai se fazendo cada dia.

Quando você caminha, a Sabedoria Interior, o Poder Divino e todas as conjugações do cosmo virão em seu auxílio, iluminando seus passos e fortalecendo suas energias.

Invoque sua intuição e inspiração, peça assistência divina, e siga em frente, de cabeça erguida, com o porte do vencedor, porque o sucesso será inevitável.

***

Mentalize que a Sabedoria Infinita está guiando seus passos, para chegar pelo melhor caminho, e mais rápido, à realização do seu projeto de vida. Agradeça.

Sétimo passo: persista

Muitos baixam as armas quando o sucesso está por acontecer, ou já aconteceu. Viva, descansar! Feito! Se você está ganhando o jogo de futebol, experimente parar, e verá a vitória transformar-se em derrota.

Fundamental: persistir.

Faça da persistência sua maior qualidade.

Se analisar a biografia dos grandes campeões, saberá que a persistência foi o segredo do triunfo.

Se estudar a trajetória dos decadentes, notará que lhes faltou persistência: alguns se entregaram às drogas, outros descuidaram o negócio, outros mais gastaram por conta do próximo sucesso, e muitos dormiram sobre os louros da vitória.

Recuse-se a desistir.

Você irá além das próprias limitações, porque seu Poder Interior está acionado e o Infinito vem em seu total apoio.

Convença-se de que é maior do que qualquer circunstância. Persista.

Quando Silvester Stallone fez o roteiro do filme "Rock, Um Lutador", foi recusado por mil produtores de cinema. Por fim, conseguiu o "sim" que mudou sua vida para sempre.

O vencedor é alguém que jamais desiste.

OS EXEMPLOS ARRASTAM

Um belo exemplo atual de persistência é o da famosa cantora, compositora, atriz, produtora e diretora de filmes Barbra Streisand, (1942). Embora sonhando ser artista desde os cinco anos, sua mãe sempre a desencorajava, porque era pobre e considerava a filha nada bonita para ser estrela. Apesar de sem recursos, Barbra deixou sua casa e estudou balé e teatro. Fez testes para o cinema, mas foi recusada. Persistiu. Incentivada pelos amigos a cantar, devido à sua linda voz, por aí começou a ser conhecida. Seu terceiro elepê já apareceu entre os mais vendidos nos EUA. Mas, o sucesso musical não a fez esquecer a ambição teatral. Convidada para o musical "Funny Girl", Barbra estreou como atriz e conseguiu o Oscar de melhor atriz, juntamente com Katherine Hepburn. Tornou-se uma das estrelas mais brilhantes de Hollywood. Participou de oito filmes e ganhou o Globo de Ouro de melhor atriz no filme "Nasce Uma Estrela". Decidiu produzir o filme "Yentl", mas foi recusada pelos produtores, até que conseguiu o apoio da United Artists e da Metro-Goldwyn-Mayer. Lançado em 1983, só nos EUA o filme rendeu 50 milhões de dólares. Também obteve amplo sucesso com seu filme "O Príncipe das Marés". Seus mais de 50 álbuns musicais venderam acima de 100 milhões de cópias. Os 15 filmes renderam mais de bilhão de dólares. Recebeu Oscars de melhor atriz e canção, Emmys por seus shows de televisão, dez Globos de Ouro por atuação, direção, produção e canção. No livro "Streisand, Sua Vida", escrito por James Spada, diz a mãe a respeito de Barbra: "Ela era um demônio. Nunca consegui fazer com que desistisse de algo que quisesse realizar".

O grande compositor alemão George Friedrich Händel, (1685-1759), compôs seu famoso oratório "O Messias", cujo "Alleluia" o mundo inteiro conhece e executa, num momento difícil de sua vida, quando a rainha Carolina, sua protetora, havia morrido e os teatros da Inglaterra estavam fechados devido ao inverno rigoroso. A situação que atravessava e os baixos rendimentos estavam por desanimá-lo quando deu-se ao trabalho intenso de compor "O Messias", em 23 dias. Embora essa obra fantástica fosse desprestigiada em Londres, Händel levou-a para a Irlanda e, executada pela primeira vez em Dublin, em abril de 1742, foi estrondoso sucesso.

Mesmo acometido de paralisia parcial e cegueira

progressiva, Händel continuou compondo e trabalhando como organista e regente de suas óperas.

****

O sucesso sempre acontece
para quem ama o que faz
e faz o que ama.
Persistir e olhar para frente
é a regra de ouro.

****

Outro exemplo digno de nota foi o do renomado escritor Napoleon Hill, (1883-1970), que passou 23 anos pesquisando a vida de grandes homens de sucesso para extrair as regras básicas do êxito. Teve que enfrentar muitos obstáculos e problemas financeiros de toda ordem, mas nunca desanimou. Os familiares estavam perplexos e se perguntavam como poderiam acontecer tantas desventuras justamente para quem estudava o sucesso? Napoleon sabia que resultados são apenas resultados e este aprendizado também enriqueceu seu cabedal de conhecimentos. Por fim, lançou a sua obra, e depois várias outras, que o tornaram rico e famoso no mundo inteiro.

O grande industrial japonês Soichiro Honda, (1906-1991), era filho de família muito pobre, passou necessidades, teve a recusa de projetos, sua fábrica foi destruída por terremoto, enfrentou dificuldades na Segunda Guerra Mundial, persistiu, e hoje é nome de sucesso no mundo inteiro.

****

Um forte ideal
vence qualquer barreira.

****

Se você se julga barrado de chegar à culminância dos seus sonhos, por algum problema físico, saiba que Arturo Toscanini, (1867-1957), maestro e violinista italiano de primeira grandeza, era tão míope que não enxergava a partitura, quando regia sua orquestra, e, em razão disso, regia óperas e sinfonias de cor; que Ludwig van Beethoven, (1770, Alemanha - 1827, Austria), compositor e pianista cujo talento musical continua assombrando o mundo, compôs a famosa Nona Sinfonia já surdo; que os escritores Dostoievski, (1821-1881, Russia), e Guy de Maupassant, (1850-1893, França), eram epiléticos; que o presidente norte-americano Franklin Delano Roosevelt, (1882-1945), era semiparalítico; que o histórico poeta grego Homero, (século 9 ac), e o poeta inglês Milton, (1608-1674), eram cegos.

A lista de exemplos clássicos poderia encher uma enciclopédia.

A lição que fica é que não há obstáculos para quem alimenta um ideal forte e excitante.

Quem definiu, com clareza e profundo interesse, uma meta, aconteça o que acontecer seguirá em frente, porque sua vida e seu prazer são unos com o objetivo. Persevera até mesmo contra toda esperança. E vence.

Contam que Thomas Edison teria feito 10.000 experiências antes de chegar à invenção dos fios incandescentes que viriam a ser o bulbo da lâmpada. Persistente em sua pesquisa, encarou as experiências frustradas como caminho para chegar à sua grande e revolucionária invenção.

5

Estratégias de sucesso

Chegou a hora da virada.

Comece agora mesmo a guerra do sucesso. Guerra no bom sentido. Ponha em prática as melhores estratégias para começar a ganhar as batalhas.

PRIMEIRA ESTRATÉGIA: SEM CHANCES AO INIMIGO. – Seus inimigos são os pensamentos negativos, pessimistas, depressores, paralisantes.

Desde o momento em que acorda, tome de assalto a sua mente e arme-a de pensamentos de alegria, sucesso, otimismo, autoconfiança. Invoque o alto comando espiritual: Deus, Cristo, Espírito Santo, seu santo padroeiro, seu anjo protetor, enfim os Marechais da sua milícia divina. Agora convoque mentalmente seus Generais, que são aquelas pessoas de sucesso que lhe inspiraram esta nova etapa da vida. Lembre com entusiasmo os feitos deles.

Em seguida, vista a sua farda, toda feita de positivismo, fé, alegria, otimismo. Hasteie a bandeira do êxito e cante o hino da vitória. Leia algo positivo e inspirador, ouça um Cd, proclame sua frase mais poderosa, reafirme suas metas e dê o seu grito de vitória. Tudo isso é coisa de imaginação, brincadeira. Por favor, não pense que a vida seja guerra, seu dia-a-dia uma batalha e seus concorrentes inimigos. A vida é uma festa, isto sim, e cada dia um presente maravilhoso de Deus. Fiz aquela ilustração para dizer-lhe que é importante começar bem o dia, com pensamentos alegres, ânimo firme, e desejo ardente de conquistar um dia glorioso. Nada de começar sua manhã com preguiça, pensamentos depressivos e desânimo. Alegria! Coragem! Cabeça nas estrelas!

A expectativa de mais um lindo dia vitorioso, produzirá imensos sentimentos de alegria.

Vista-se cantarolando músicas deliciosas e excitantes, tome seu café matinal comentando coisas boas e saia à rua com aquele sorriso contagiante nos lábios. Afinal, você quer ser uma pessoa de sucesso. Gente de sucesso irradia sol.

Li, certa vez, que o riso é a ponte mais curta entre as pessoas. Então, treine um belo sorriso simpático. Pode ser que, inicialmente, seus lábios estejam enferrujados, mas, com a prática, será muito fácil começar o dia a mil. Por amor ao sucesso, com certeza você está disposto a tudo.

6

Poder da Mente para o sucesso

Desde 1975, venho estudando a ciência do Poder da Mente. Publiquei muitos livros sobre esse tema. Fui criticado. O tempo deu-me razão. A Sabedoria Divina e a vida humana seriam uma falácia se Poder da Mente fosse apenas utopia. Diz a ciência do Poder da Mente que tudo o que você pode pensar, imaginar e desejar, pode realizar.

Não há nada de exagerado nisso. Vou repetir o que já mencionei em outra parte desta obra: o maior milagre não está na materialização, mas na criação mental. A materialização é apenas resultado, nada mais que o revestimento físico do ato mental. Sem a ação da mente não existiria a matéria.

Assim como toda causa exige seu efeito; como toda substância contém a forma; como toda essência busca sua expressão, da mesma maneira todo pensamento contém necessariamente sua realização.

****

A materialização nada mais é que o revestimento físico do ato mental.

****

O pensamento cria, o desejo atrai, a fé garante, o poder realiza. Estou repetindo para reforçar essa verdade.

O princípio é este: a mente consciente cria e a mente subconsciente executa.

Tudo o que o subconsciente aceita como verdade, executa, realiza, materializa. Resultado: você é e tem o que pensa. É por isso que se diz que pensar positivamente produz realidades positivas, que tornam a vida positiva.

A mente consciente é a mente pensante, portanto é a mente criadora.

O subconsciente é a mente executiva, ou seja, o poder.

****

O pensamento cria, o desejo atrai, a fé garante, o poder realiza.

****

O ponto de partida do sucesso é clarificar o desejo e determinar o objetivo. Então, segue-se o querer, o acreditar, o agir, e, finalmente, o resultado, que se chama sucesso.

Está bem, digamos que você tenha nascido em favela; seja filho de pais pobres; esteja endividado até os cabelos; tenha perdido uma perna em acidente; sem recursos para iniciar uma atividade; desempregado. Pois, aí entra em função a inteligência, a sabedoria, a criatividade e o poder. Seja qual for sua situação, sempre há um caminho, um grande caminho, um caminho do tamanho dos seus sonhos. Há exemplos em abundância. Seu poder é ilimitado, porque originário do Supremo Poder. Jesus já dizia: "Quanto ao poder, quem tem fé tudo pode!" E fez essa afirmação fantástica diante de um pai que tinha gasto tudo com médicos e curandeiros para tentar curar seu filho de uma doença que hoje se dá o nome de epilepsia.

****

Seja qual for sua situação,
sempre há um caminho,
um grande caminho,
um caminho do tamanho dos seus sonhos.

****

Muita gente sucumbe porque desconhece seu poder e fica apenas olhando para trás. O ponto de poder é o momento presente.

EXEMPLOS DE VITORIOSOS

Em 1944, uma jovem desconhecida, chamada Norma Jean Baker,(1926-1962), fez teste para modelo e recebeu da diretora da agência, Emmeline Snively, esta resposta negativa: "Sugiro que você faça um curso de secretária ou se case". Pois bem, no ano seguinte essa tal de Norma Baker começava sua estupenda caminhada cinematográfica com o nome de Marilyn Monroe.

Veja como começaram alguns homens famosos. Isaac Newton, (1643-1727), grande matemático, físico, além de astrônomo, filósofo, teólogo e alquimista, era filho de um camponês.

Joana D'Arc, (1412-1431), heroína francesa da Guerra dos 100 Anos, proclamada santa pela Igreja, era pastorinha de Lorena, França.

Giotto, (1266—1337), famoso pintor e arquiteto italiano, introdutor da perspectiva na pintura, durante o Renascimento, era pastor de ovelhas.

O polonês Nicolau Copérnico, (1473-1543), formado em astronomia, medicina, direito, matemática, era filho de um padeiro, profissão humilde na época.

Michel Faraday, (1791—1867), físico e químico britânico, considerado um dos cientistas mais influentes de todos os tempos, foi operário encadernador.

Esqueça definitivamente o argumento de que está impossibilitado de alcançar seus grandiosos objetivos por ser de família humilde ou por estar em precária condição econômica.

Se você acha que só rico tem vez, lembre que muitos ricos também vieram da pobreza e que muitos milionários de nascença caíram na pobreza.

****

Chega de analisar o que foi,
o que era e o que é.
Seu poder está no agora.

****

O que vale, acima de tudo, é um forte objetivo, desejado com entusiasmo e fé inabalável.

PENSE BEM DE SI MESMO

Esta é a hora de reconhecer sua dimensão superior, sua grandeza e sua capacidade inesgotável.

Algumas celebridades do mundo artístico também fizeram má ideia de si mesmas. Ainda assim, em certo momento, passaram a acreditar no sucesso e chegaram lá.

A famosa atriz Demi Moore, (1962), por exemplo,

confessou, aos 32 anos de idade: "Fui uma garota magricela, feiosa, vesga e de óculos, mas sobrevivi a isso. Tive um casamento infeliz de três anos e sobrevivi. Tive problemas com álcool e drogas e sobrevivi."

Daryl Hannah, (1960), outra célebre atriz, confidenciou: "Me olho no espelho e vejo um nariz torto, manchas no rosto e pernas compridas demais."

Em 1928, um moço fazia testes para ator na Metro Goldwin Mayer. O diretor responsável pela avaliação, assim descreveu o pretendente: "Não sabe representar, nem cantar, e é careca. Dança um pouco". Estava rejeitando Fred Astaire, que se tornou grande astro cinematográfico, inesquecível dançarino, famoso no filme *Dançando na Chuva*.

Aqueles que pensam que sucesso depende da situação, do momento econômico do país, da boa vontade de líderes e poderosos, também incorrem em equívoco.

Quando Margareth Mitchell, (1900-1949), lançou o romance *"E o Vento Levou"*, (Gone With The Wind), Louis Mayer, o todo-poderoso da M. G. M. consultou o chefe de produção da sua empresa, Irving Thalber, sobre a compra dos direitos autorais do livro para o cinema e obteve esta resposta: "Esquece, Louis, nenhum filme sobre a guerra civil deu dinheiro até hoje". Gary Cooper recusou, em 1928, o papel do personagem principal Rhett Butler, dizendo: "*E O Vento Levou* será o maior fracasso da história de Hollywood. Ainda bem que quem vai quebrar a cara é o Clark Gable e não eu". Tem mais: terminada a filmagem, o produtor David Selznick ofereceu ao diretor Vitor Fleming 20% sobre a renda do filme e o homem respondeu: "Você acha que eu sou bobo? *"E o Vento Levou"* vai ser o maior elefante branco de todos os tempos". O filme custou 4 milhões de dólares, obteve dez Oscars e o seu sucesso vem atravessando os tempos.

Quer saber o que o Marechal Ferdinand Foch, (1851-1929), professor de Estratégia da Escola Superior de Guerra da França, disse, em 1901, a respeito das incipientes experiências sobre o avião? –"Esse tal de avião é um brinquedo interessante, mas não tem qualquer utilidade militar."

Quando você quer desanimar diante do que os outros dizem de você e do seu empreendimento, pense nessas histórias aqui contadas.

****

Sucesso é questão pessoal.
Depende da fé que você
coloca em si e na meta desejada.

****

Há um Poder Infinito que responde positivamente a qualquer projeto desejado com fé inquebrantável e com decisão de ir até o fim.

Todos os grandes mestres espiritualistas e todos os profundos investigadores das dimensões maiores da mente insistem que existe um Poder ilimitado em cada criatura humana.

Você tem esse Poder. Use-o agora. E sempre.

7

A força da imaginação

Você já viu que a mente consciente cria, através do pensamento, sob qualquer forma, e o subconsciente executa.

Dizem sábios e especialistas que a imaginação é a forma de pensamento mais forte e poderosa, já que o subconsciente não distingue entre imagem e realidade.

Na verdade, a mente consciente funciona por imagens. Cada palavra é decodificada em imagem. A palavra casa, por exemplo, leva você a imaginar uma casa; o vocábulo carro cria na mente a imagem do carro.

Impregne-se de imagens de sucesso, de prosperidade, de abundância, de felicidade, de bem-estar.

Imagens são realidades mentais que buscam a própria materialização.

Joseph Murphy, (1898-1981), é um dos mais famosos escritores do Movimento do Novo Pensamento. É autor de 36 livros sobre poder da mente, muitos deles *best sellers* no mundo inteiro. Escreveu: "A coisa mais maravilhosa que se deve saber é a seguinte: imagine o fim desejado, sinta-o real, e o Princípio Infinito da vida responderá à sua escolha consciente, ao seu pedido consciente."

O grande sábio da Bíblia, Salomão, ensinou: "Assim como imaginou na sua alma, assim é."

Catherine Ponder, (1927), uma das mestras em autoajuda, escreveu: "A imaginação é que determina uma situação e compete a você construir a imagem. Se você compreender isso, saberá que não há necessidade de lutar ou de forçar para que os benefícios que você deseja cheguem a você. Portanto, comece a trabalhar e a calmamente imaginar, com detalhes, o que você deseja."

Nós somos aquilo que imaginamos.

****

Faça uma visualização da sua meta,
imaginando-a atingida com pleno êxito.
Viva mentalmente o resultado.

****

Se você está endividado até os cabelos, recolha-se a um lugar silencioso, relaxe, e visualize os cheques de pagamento das dívidas devidamente preenchidos, assinados, colocados em envelope e despachados pelo correio aos destinatários. Ou então imagine que você está recebendo um cheque com valor tal que lhe permita pagar todas as contas e ainda sobrar dinheiro.

Catherine Ponder, (1927), conhecida como "pioneira do pensamento positivo", autora de mais de dez livros, conta a história de um negociante que estava passando por sérias dificuldades financeiras. Sabedor da força da imaginação, ele adquiriu notas fictícias de dinheiro de alto valor e colocou-as em sua carteira, de tal maneira que sempre as via toda vez que abria a carteira. Ao invés de andar com a carteira vazia, agora via, pela imaginação, aquela enorme quantidade de dinheiro. Resultado, o homem nunca mais deixou de ter dinheiro suficiente para atender a todas as suas necessidades.

****

A imaginação governa a vida.

****

Houve tempo em que se dizia que o indivíduo imaginativo era um fantasista, alguém que vive no mundo do faz-de-conta, um alienado. O imaginativo não é alienado porque sabe a diferença entre imagem e realidade. Exatamente porque sabe a diferença, trata de mudar os padrões mentais para que mude a realidade. Sabe que o mundo material é fruto do mundo mental, por isso cria o seu mundo mental de maneira a transformá-lo em seu mundo físico.

A imaginação é o exercício natural do ser humano. Você, por exemplo, está neste momento pensando em algo e suas ideias são metabolizadas em forma de imagens. Se você se julga insolvente e não conhece o poder da imaginação, com certeza passa precioso tempo vendo mentalmente a sua situação precária, as empresas lhe cobrando e negando-se a vender-lhe novamente, os clientes desaparecendo, os cheques a pagar amontoando-se, e sua vida se tornando um inferno, da cor do estresse e da depressão. O pior é que tudo vai acontecendo de acordo com suas imagens mentais. Mude imediatamente o conteúdo de sua imaginação, antes que o leve à ruína.

Eliphas Lévi, (1810-1875), escritor francês, considerado o maior ocultista do século XIX, era filho de um modesto sapateiro. Escreveu, com muita sabedoria: "O pensamento humano cria aquilo que pensa." Como você cria aquilo que pensa, use a imaginação para reverter o quadro dramático. Mergulhe a sua mente na prosperidade, na abundância e no sucesso. Trace mentalmente o seu objetivo e veja-o concretizado plenamente. Firme essa imagem na convicção de que assim é e assim será.

Onde há uma imagem há um fim, e onde existe um fim deve haver os meios para alcançá-lo.

O cientista Albert Einstein, (1879-1955), foi um físico alemão, radicado nos Estados Unidos, conhecido principalmente por desenvolver a teoria da relatividade. Ganhou o Prêmio Nobel de Física de 1921. O seu trabalho teórico possibilitou o posterior desenvolvimento da energia atômica. Afirmou, certa feita, que a imaginação é mais importante que o conhecimento.

Tudo que existe é fruto da imaginação de alguém.

Comece, pois, do começo, como diz o velho ditado. Imagine o fim desejado.

O que você imagina, já lhe pertence. Tome posse.

VIVENCIE AS IMAGENS DO SEU SUCESSO

É essencial que agora você se imagine vencedor e viva como tal. Visualize-se aquela pessoa exitosa, prestigiada, autoconfiante, admirada, que significa para você a personificação do sucesso.

Assuma as características de uma pessoa bem-sucedida.

Adquira o hábito do sorriso perene, da irradiação positiva.

Passe a usar as roupas, aparelhos, produtos pessoais e perfume de gente bem-sucedida. Não se trata de fanatismo e nem de exibicionismo. Como pode você mentalizar o sucesso se a mente continua mergulhada em imagens de carência e privação?

Na verdade, o hábito faz o monge, contrariando o antigo ditado.

****

Visualize-se pessoa exitosa, feliz, saudável e rica.

****

Quais são os seus símbolos de sucesso?

Se usar algo que para você simbolize sucesso, será mais um valioso reforço. Pode ser que pulseira e relógio doirados, pasta de executivo, telefone celular, correntinha de ouro ao pescoço, gravata importada, carteira cheia de dinheiro, anel de brilhante, roupa de grife, carro zero, viagens de avião, hotel de categoria - sejam símbolos poderosos de sucesso e riqueza para você. Neste caso, ao usar esses símbolos, ou alguns, ou um, estará dizendo ao seu subconsciente que você é homem ou mulher de sucesso. Como o subconsciente não distingue entre imagem e realidade, eis aí um método válido.

Duas ou três vezes por dia relaxe em algum lugar isolado e imagine a sua vida já na fase do sucesso, da riqueza, dos objetivos alcançados. Sonhe de olhos abertos. Veja-se naquele gabinete amplo, atapetado, com cortinas bonitas, secretária irradiante, poltrona confortável, computador, comunicando-se com grandes clientes, fechando negócios de vulto. Ou então naquela casa suspirada; na empresa vitoriosa que idealizou; enfim, através da imaginação criativa, transmita ao seu subconsciente a realidade que ele vai concretizar.

Busque levar ao seu subconsciente a imagem mais efetiva da realidade sonhada: falando, por exemplo, numa reunião para altos executivos; concedendo entrevista para a maior emissora de televisão; cantando ou representando no maior teatro do país; em outras palavras, sonhe grande.

Reafirme essas imagens algumas vezes por dia, com detalhes, com alegria, com fé, com entusiasmo.

8

Trabalhando para o sucesso

Toda ação é trabalho.

Não há sucesso sem ação. Barco parado não ganha frete, se dizia antigamente.

O trabalho, portanto, é o veículo do sucesso.

Tudo no universo é ação, movimento. Também o exercício do ato mental criador é ação.

Pensar, orar, desejar, projetar, imaginar, criar, é trabalho mental.

Do nada você produz a palavra. Este processo chama-se ação mental. É o primeiro passo. Indispensável.

Sem saber para onde vai, todo trabalho será em vão.

Trabalho é realização, mas, para muita gente, significa peso, desgraça, sofrimento, obrigação, vergonha, decadência. Se assim pensa, assim é. Eis porque muitos trabalham como condenados sem chegar a nada. Outros trabalham sem objetivo. Outros, ainda, trabalham graciosamente.

Toda e qualquer ação física, mental ou espiritual que você executa, significa trabalho no pleno sentido da palavra. Ou, pelo menos, no significado que imprimo aqui a este vocábulo.

Você sabe que há muita gente no mundo que faz o mesmo trabalho, mas a diferença de ganhos e de resultados é imensa. Trabalho, portanto, pode ser fonte de riqueza ou de coisa nenhuma, pode ser caminho do sucesso ou descaminho.

CONHEÇA O TRABALHO QUE PRODUZ SUCESSO

Somente o trabalho originado na mente e exercido por meios positivos, alcançando os resultados positivos desejados, chama-se sucesso.

Você pode ter projetado uma casa, trabalhado arduamente na construção e, ao final, a obra ruir: houve sucesso?

TRÊS FATORES DO SUCESSO: CRIAÇÃO MENTAL, TRABALHO POSITIVO, REALIZAÇÃO.

O sucesso exige que o trabalho seja finalizado de acordo com o projeto.

Sucesso, pois, é o resultado de três fatores: criação mental; trabalho positivo direcionado ao fim proposto; realização.

Querer dez milhões de dólares, por exemplo, é pensamento positivo; assaltar bancos para conseguir esse dinheiro é trabalho violento e negativo. Seja qual for o resultado desse trabalho – jamais haverá sucesso. Impossível.

Pretender obter fruto bom de árvore má é impossível. É bom repetir.

Mesmo que você nada saiba sobre força elétrica e despreze os princípios da eletricidade, ou, até, seja contra as leis da eletricidade, se colocar a mão na corrente elétrica, cairá morto ou levará choque do tamanho do seu berro.

Quer você concorde ou negue que o sucesso é resultado de pensamento positivo, realizado por trabalho positivo, de qualquer maneira é o único caminho. Seja inteligente, siga por essa via.

Conheci um homem que ridicularizava o trabalho honesto, positivo, idealista. Para ele, o negócio era enriquecer assaltando bancos, roubando, ludibriando os incautos. Hoje ele está no cemitério, com uma bala na cabeça, duas nos intestinos e três no peito.

Só há um caminho para o sucesso. O resto é perda de tempo e de vida.

A desarmonia nunca conduz à harmonia.

A doença jamais levará à saúde.

É impossível que o mal produza o bem.

As Leis universais são originárias do Infinito e nunca poderão ser burladas pelo finito.

NÃO GASTE ENERGIA À TOA

A linha reta é sempre a mais curta.

Se acha que, para ganhar dinheiro e tornar-se rico, tem que dar duro na vida, cair vezes sem conta e sofrer muito – assim será para você.

Se acredita que Deus quer que você sofra nessa vida, sem direito à felicidade, além de sofrer demais estará ofendendo a bondade e a sabedoria divina. Mas, assim será para você.

Se determina que irá de ônibus, de Porto Alegre a Manaus, fará esse trajeto com muito cansaço, sacrifício, dificuldades, até com prejuízos para a saúde. Mas foi o que você escolheu. Se optasse pelo avião, chegaria antes, sem cansaço, sem ziguezagues, sem sacrifícios.

O MELHOR TRABALHO É O QUE LHE DÁ MAIS SATISFAÇÃO

O melhor trabalho é aquele que você o percorre com alegria e entusiasmo. Deve ser ação agradável, impulsionada por alegre expectativa.

ENCONTRE O MELHOR TRABALHO

Pode acontecer que você conheça a meta, sem saber como chegar lá. Invoque a Sabedoria Infinita, imanente nas profundezas do seu ser, para que lhe indique o caminho e o conduza para ele. O caminho aparecerá e o que você tem a fazer é seguir por ele alegremente, feliz, saudável, cheio de fé e entusiasmo, curtindo prazenteiramente cada palmo da estrada.

Ao enveredar por essa via, dar-se-á tempo para descansar, alimentar-se, repor energias, festejar, amar, divertir-se, realizar outras metas. Mesmo assim, chegará antes que os descrentes e sofredores, porque essa é a estrada mais sábia e por isso a mais curta.

O TRABALHO É O PERCURSO E O PERCURSO É A VIDA

Você tem metas, mas a vida é hoje.

Quer chegar ao topo do sucesso, mas a vida é hoje.

Deseja assegurar um bom capital para si, mas a vida é hoje.

Pretende garantir o futuro dos filhos, mas a vida é hoje.

Sonha com o progresso da empresa, mas a vida é hoje.

Determinou-se guardar um pecúlio razoável para sua velhice, mas a vida é hoje.

****

O próprio ato de viver já é trabalho. Lindo trabalho.

****

Parece haver conflito entre o momento atual e os planos para o futuro: se vive o dia de hoje, deixará de providenciar o necessário e o melhor para o dia de amanhã. Talvez você suponha que, se vive o hoje, perderá o amanhã, e se vive o amanhã, perderá o momento atual.

- Ou um ou outro, pois é impossível viver o hoje e o amanhã ao mesmo tempo – dirá você.

- Aí é que você se engana, como se enganam bilhões de pessoas.

Antes de tudo, convém ressaltar o óbvio: só existe o hoje, o momento presente. Isto significa que a vida é este momento, nem o antes e nem o depois. Você é o que é hoje. É feliz se agora o é, pouco importa o tamanho da sua infelicidade no passado.

A única certeza que você tem é que agora está vivo. O amanhã poderá nunca chegar. Bastam alguns minutos sem respirar e lá se foram você e o futuro para o cemitério. Deixar de viver plenamente este momento, além de sair fora da realidade, é perder tempo e vida.

****

Positivo é aquele que vive bem o dia de hoje; otimista é aquele que, vivendo bem o dia hoje, projeta dias especiais e maravilhosos para o futuro. Ser positivo e otimista é essencial.

****

Inteligente é quem faz a sua felicidade deste momento e, ao mesmo tempo, alimenta lindas e alegres e agradáveis e ricas perspectivas para o futuro.

Como você trabalha um terço do dia, que significa um terço da vida, seu trabalho há de ser aprazível, desejado, alegre e saudável.

Se você está amarrado num trabalho que detesta, procure de imediato a atividade dos seus sonhos. Mas faça como o macaco: só largue o galho quando tem outro na mão.

Conheci um senhor que se estipulou a meta de chegar a um milhão de dólares e arremeteu-se de armas e bagagens para chegar lá, passando por cima de feriados e férias e aniversários e natais. Depois dessa conquista, dizia ele, gozarei a vida, viajarei mundos e fundos, viverei do bom e do melhor. Um enfarte fulminante derrotou o gozo da vida, as viagens pelo mundo e a vida de príncipe sonhada. Cometeu o equívoco de achar que viver alegremente a vida de cada dia seja incompatível com a busca do seu objetivo.

****

A vida não se interrompe até você atingir o seu projeto. O caminho é a vida e viver é ser feliz e bem-sucedido.

****

Viva o dia de hoje alegre e feliz enquanto persegue a meta da riqueza, ou qualquer outra.

O caminho é a vida e viver é ser feliz e bem-sucedido.

A vida toda é uma festa e não apenas o momento da chegada. Se esperar para celebrar apenas quando atingir a meta, sua vida mergulhará em muitos buracos negros. Na verdade, a vida é você. Não é possível separar você da vida. É uno com a ela. Não há como suspender a existência até chegar ao ideal sonhado.

TRABALHAR É SER FELIZ

Relembre que a vida é hoje, aqui e agora, tudo o mais é elucubração mental. Se não está vivendo plenamente aqui e agora, você inexiste, é um fantasma, uma múmia ambulante. Esta seria a mais macabra situação que lhe poderia ocorrer.

Viver é ser feliz.

Ser feliz é sentir-se bem consigo mesmo, com a humanidade, com o universo e com Deus.

Qual a conclusão?

Que você deve ser feliz também quando a caminho dos seus projetos, sejam eles de curto, médio ou longo prazo.

Outra verdade que não pode ser esquecida é que a riqueza material já existe em você. Nas profundezas do seu subconsciente estão todas as riquezas possíveis e imaginárias. Deixar de viver para gastar anos em busca da riqueza que tem em si mesmo é piada de mau gosto.

****

O trabalho é o seu fazer
e o seu fazer-se de cada dia.
Ora, isso é viver.

****

Trabalhar é desenrolar o novelo da vida. Trabalhar, em última análise, é viver. Como a essência da vida é a felicidade, trabalhar é ser feliz. Tudo muito simples.

Sempre que, a partir do nada, se exerce um movimento, seja físico, mental, emocional ou espiritual – realiza-se trabalho. O próprio ato de viver já é trabalho. No bom sentido.

Trabalhar, viver, ter sucesso e ser feliz, são aspectos da mesma dimensão humana. Se o seu ato de viver é estressante, depressivo, agressivo, infeliz, realiza péssimo trabalho vital. Está no descaminho. É filho pródigo de si mesmo.

Se vive feliz, saudável, amoroso, com belos projetos realizados positivamente, e a caminho de outros sonhos doirados, realiza trabalho essencial.

A escolha é sua. Escolha certo.

Talvez você tenha dificuldade de entender essa verdade, porque trabalho lhe soa como emprego, serviço profissional, cargo público, burocracia, atividade industrial, sacrifício, obrigação, e você o separa do ato de viver. Reconheça, entretanto, que toda atividade encerra, em si mesma, o ato de viver.

O homem de sucesso não perde jamais de vista um detalhe da maior importância: mesmo a caminho, usufrui a vida, tira dela as melhores satisfações, e aproveita essas energias para robustecer o ânimo e firmar a caminhada.

O homem de sucesso faz do seu caminho o prazer da vida, aproveita o passeio, e comemora cada passo dado à frente.

O percurso é a vida.

Viver é ser feliz.

Sem outra opção.

9

Qualidades do sucesso

Qualquer objeto tem suas características próprias e as qualidades que lhe são inerentes. Uma mesa é uma mesa se obedece a imagem e a finalidade que lhe é própria. Pode ser de madeira, de ferro, de cobre, com tampo de vidro, bordas de ouro, assim por diante. As qualidades variam de acordo com o estilo e o padrão.

Cada jogador de futebol tem seu estilo, sua performance, seu modo de ser e de jogar. Mas, o jogador ideal terá certas qualidades essenciais a qualquer craque.

O sucesso também tem suas qualidades próprias. Algumas são básicas, outras importantes, outras são plenificadoras.

Vamos às qualidades do sucesso:

1) CERTEZA. CONVICÇÃO. – O homem de sucesso sabe o que quer e tem absoluta convicção de que chega-

rá lá. Jamais se deterá no meio do caminho. Sejam quais forem os acontecimentos, ou acidentes de percurso, sua certeza o fará prosseguir com calma, fé e alegria.

Certeza e convicção são o farol que aponta o caminho na noite dos acontecimentos.

Certeza e convicção são as sinalizações do trajeto a ser percorrido.

2) DETERMINAÇÃO. – A pessoa determinada jamais recua. Pode cair o mundo, que ela segue em frente. Mesmo que demore mais do que o previsto, sua determinação faz brotarem todas as energias necessárias ao sucesso.

Exemplos de determinação são os indivíduos que empunham a bandeira, marcham à frente do projeto, e só recuam se for estratégia para melhorar posições e ganhar mais fôlego.

3) CAPACIDADE DE DEFINIR CLARA E SINTETIZADAMENTE A META. – Esta é qualidade indispensável ao sucesso. Ideias confusas se esvaem. Decisões enroladas deixam de se solidificar. Faça o seu objetivo tornar-se claro e cristalino. Consiga defini-lo em três linhas. Quanto mais concentrada a ideia, mais forte se torna.

4) ACREDITAR EM SI E NO OBJETIVO. – Encontre razões que o façam acreditar que atingirá a meta. De nada vale fixar um ideal que considera inatingível. Ainda que seu objetivo tenha sido alcançado por outras pessoas, é mister que você pessoalmente também acredite que chega lá. Acreditar é fundamental.

Uel Stanley Andersen, (1917-1986), autor de vários livros sobre autoajuda, escreveu: "Não negue a circunstância negativa. Simplesmente tenha fé no que acredita e recuse-se a aceitar circunstâncias negativas como finais. Este é o uso adequado da fé. Pois a fé superará as convicções falsas do consciente, e criará hábitos de pensamento positivo, que são o primeiro passo no caminho para o poder". (Três Palavras Mágicas).

Acredite em si e no objetivo e nada o deterá.

5) HONESTIDADE. INTEGRIDADE. - Quando você é correto e íntegro, o sucesso vem correndo a você, pela via mais curta e rápida. Honestidade e integridade são duas qualidades intrínsecas a qualquer negócio, tanto para o que vende quanto para o que compra. Fazem parte da essência do sucesso. Numa pesquisa feita entre homens de sucesso, essas duas qualidades nunca faltaram. Preste bem atenção à sua voz interior, porque a tentação da barganha, da corrupção, do engodo, da exploração, é muito forte, justamente porque, para muitos, o dinheiro é o único deus, ao qual tudo é permitido. Estarei sempre alertando que por descaminhos você jamais chegará ao caminho. Se quiser fazer a experiência, pagará com o sofrimento e a decepção.

6) SINCERIDADE E VERACIDADE. - A pessoa sincera e veraz cria a base sólida de qualquer transação: a credibilidade. Ser verdadeiro e sincero significa elogio à inteligência do outro. Tentar ludibriar é menosprezar a inteligência alheia. Tratar com pessoa veraz é um descanso. Seja assim para os outros. Pagar caro por um produto faz parte do custo, mas ser enganado é intolerável. Você pode lograr uma vez, depois começará sua decadência.

7) POSITIVISMO. - A pessoa positiva irradia energia

atrativa. Ilumine sua vida com crenças positivas: acredite na riqueza como dom divino importante. Acredite em Deus, como seu sócio perene. Creia no sucesso, que acreditar traz alegres expectativas. Acredite no amor, pois é a luz que torna felizes os seus dias. Acredite no bem e ele se multiplicará.

8) OTIMISMO. - Ser otimista é ter certeza dos resultados positivos que virão. Otimismo é essencial, porque só consegue resultados quem os projeta antecipadamente, acredita neles, e vai a eles. O otimista sabe que depois da tempestade surgem os melhores dias de sol, assim como sabe que se colhe o que se planta. Otimismo é a grande energia impulsionadora do sucesso.

9) PERSISTÊNCIA. - Quem espera sempre alcança. É evidente que sem persistência jamais se chega ao objetivo. Perseverança é a distância entre o projeto e o resultado. Onde há persistência, decididamente há sucesso.

Recolhi essas afirmações da escritora positiva Catherine Ponder, (1927): "Se você persistir em falar e pensar sobre prosperidade e êxito, não haverá forças no céu ou na terra que impedirão que você seja bem-sucedido". "O sucesso costuma aparecer repentinamente depois de um discreto "longo esforço". "Só pelo fato de pensar e continuar perseverando assim em seu objetivo, ele mesmo revelará a você como alcançá-lo". (As Leis Dinâmicas da Prosperidade).

10) PACIÊNCIA E CALMA. - São qualidades indispensáveis. Calma é a ação ponderada, inteligente, controlada, que avança onde pode, aumenta o ritmo onde o terreno favorece, descansa quando é para descansar, espera quando esta é a melhor estratégia. A paciência

tem o dom da flexibilidade. É amiga da tolerância até onde o bom senso permite.

A calma e a paciência são parceiras da saúde e do sucesso. A pressa é inimiga da perfeição. Quem corre mais, chega mais cedo... no hospital. Jesus já dizia, há dois mil anos: "Bem-aventurados os calmos, porque eles possuirão a terra". A riqueza e a vida pertencem aos calmos e pacientes, pois estas qualidades favorecem o raciocínio e as decisões mais adequadas.

Seja tranquilo no seu dia-a-dia. Faça o que tem que fazer, sem afobação, sem estresse, sem pressão, sem agitação, sem nervosismo, sem precipitação, sem aborrecimentos, sem temores.

Diz o ditado que devagar se vai ao longe, portanto calma e paciência são virtudes do sucesso.

11) ENTUSIASMO. - É a energia do sucesso, o combustível que leva às estrelas. É a garantia do êxito. Realize objetivos que inflamem seu entusiasmo. Descubra os fatores de motivação que existem no seu empreendimento. Jamais falhará uma meta na qual você puser essa energia. Entusiasmo, além de tudo, é estado prazeroso, torna a vida empolgante.

12) CORAGEM. - A vitória é patrimônio e galardão dos corajosos. A fortuna ajuda aos audazes - dizia o imperador César, (100-44 ac). O escritor, poeta e político francês Victor Hugo, (1802-1885), escreveu: "O preço das grandes conquistas é a ousadia."

A coragem produz uma superforça que vence obstáculos e faz chegar na frente. Todo sucesso contém fortes componentes de coragem. Pode haver situações em que o deixem sozinho, sem nada, no ponto de partida. Sua coragem o fará levantar a cabeça, erguer bem alto sua meta e arrancar para frente com garra e sabedoria.

13) PRAZER DE APRENDER. - Toda pessoa exitosa adora aprender sempre mais e mais sobre tudo, principalmente a respeito dos seus objetivos. Lê, faz cursos, participa de seminários, assiste a palestras e entrevistas, está atento nas viagens, frequenta lugares e pessoas que acrescentem algo à sua vida. Quanto mais se conhece uma estrada, mais fácil será transitar exitosamente por ela.

Já tenho visto colegas de excursão à Europa abandonarem as explicações do guia sobre as obras históricas da igreja de São Pedro, em Roma, para tirar fotos aleatoriamente. Há dias, dei palestra motivacional para jogadores de futebol e senti que alguns ficavam alheios ao aprendizado. Como poderiam acender o entusiasmo e aspirar ao sucesso sem sequer sonhar com a vitória, a glória, o sucesso profissional?

****

O entusiasmo é a energia do sucesso e a coragem é a força que vence obstáculos.

****

14) SIMPATIA. - Quanto mais desejada e agradável for sua presença em qualquer meio, mais fácil o caminho do sucesso. É o que faz a simpatia. Esta qualidade se compõe de uma mistura de bom humor, alegria, sorriso, positivismo, otimismo, paz de espírito, boa vontade, altoastral e prestimosidade. Cultive essa aura e a irradie para todas as pessoas. Sucesso garantido.

15) EXTRAIR LIÇÕES BENÉFICAS DOS ERROS. - Recolha sempre lições positivas dos fracassos e falhas. Esse

aprendizado formará seu benfazejo cabedal de conhecimentos. Errar é coisa de cada dia, aprender com os erros é para quem visa o sucesso. Há pessoas tão perfeccionistas que se culpam pelos erros, entram em pânico, querem abandonar tudo como se tivesse desmoronado o mundo. O erro é o melhor caminho do progresso.

16) AMOR. – É a bela qualidade do sucesso. O amor ilumina o sucesso, dá-lhe mais vida, mais prazer, mais solidez. Tudo que for bafejado com a energia prazerosa e contagiante do amor é êxito indiscutível.

17) ALEGRIA. – Sem dúvida, sucesso e alegria formam dupla inseparável. Todo sucesso traz alegria. Esta, em si mesma, é o melhor lubrificante do motor que conduz ao resultado desejado. Alegria é um amálgama fantástico, composto de saúde, vitalidade, juventude e energia. Toda pessoa bem-sucedida é radiante.

18) HALO ENVOLVENTE. – O que é bom, tem boa irradiação. Sucesso é como o sol: é energia que se expande para o ambiente e para os outros. Esta qualidade torna o sucesso altamente benéfico a toda a humanidade, a começar por você e as pessoas que estão ao seu redor.

19) SAÚDE. – O sucesso faz binômio com saúde. Chegar ao destino sem poder usufruí-lo é imprevidência inconcebível. Mas, muito frequente. Cuide da sua saúde. Evite estresse, depressão, insônias, angústias. Atenda ao ritmo normal e natural do corpo, descanse, caminhe, faça lazer e divertimentos, alimente-se saudavelmente, aprecie a vida, tenha autoconfiança e cultive a autoestima. Sua saúde agradecerá. E o sucesso beijará seu coração.

****

Sucesso faz binômio com saúde.

****

20) CURIOSIDADE. – É qualidade extremamente necessária. Não estranhe, é verdade. A curiosidade é a mãe das invenções e do progresso. Significa pesquisa, busca, observação, interesse, vivacidade, dinamismo, crescimento, expansão. É valioso fator de sucesso. Não existe ciência, nem descoberta e nem invenção sem curiosidade. Quem é curioso, experimenta; quem experimenta, sabe; quem sabe, aproveita.

Seja curioso: vá assistir aquela palestra, aquele seminário, aquele encontro, aquele debate, aquela reunião, aquele programa de televisão, aquela entrevista.

Seja curioso: leia aquele livro, ouça aquele CD, veja aquele DVD; faça aquela viagem.

Seja curioso: veja o que estão fazendo e como o estão.

****

O curioso chega antes.

****

O curioso tem o prazer da degustação.

Eleanor Roosevelt, (1884-1962), esposa do presidente norte-americano Franklin Delano Roosevelt, escreveu: "Acho que, quando uma criança nasce, se a mãe pudesse pedir a uma fada madrinha que a beneficiasse com o mais útil dos dons, este seria a curiosidade."

Curiosidade, o mais útil dos dons, qualidade indispensável ao sucesso.

21) RIA E FAÇA RIR. Eis aí uma qualidade mais importante do que você imagina.

O riso forma um halo de luz.

O riso aproxima as pessoas.

O sorriso é o método mais simples, fácil e eficaz, para estabelecer contato benfazejo com outra pessoa.

Riso e sorriso significam também mente positiva, postura agradável, acolhimento bem-humorado e carinhoso.

10

Atitudes do sucesso

O sucesso, como a carroça, sempre segue quem o conduz.

O sucesso depende de atitudes positivas.

Dizem que a realidade imita a vida. A sua atitude, em outras palavras, fará a sua realidade.

Jamais será rico quem pensa e age como pobre, porque está transmitindo ao subconsciente, mensagens de pobreza. Como o subconsciente reage de acordo com os padrões de pensamento, produzirá carência.

Veja o que escreveu Robert Anthony, num de seus livros: "Literalmente, tudo que até aqui aconteceu com você - bonança, tempestade, felicidade, infortúnio, sucesso ou fracasso - foi atraído pelo seu modo de pensar, inclusive todas as experiências em negócios, casamento, saúde e relacionamento pessoal." (As Chaves da Autoconfiança).

Um outro Anthony, o Robbins, (1960), fez uma afirmação que ajuda a compreender melhor a ideia de que o mundo exterior, de pobreza ou de riqueza, de felicidade ou de desgraça, de sucesso ou de fracasso, depende das atitudes da pessoa: "Mudar uma organização, uma companhia, um país - ou o mundo - começa com o simples passo de mudar a si próprio."

O ponto de partida é você mudar a própria imagem.

Que diz você de si mesmo?

Será que você é dessas pessoas que vivem contando para todo mundo seus azares, suas desgraças, seus infortúnios e seus males? Talvez seja uma pessoa muito carente, diminuindo-se até o zero, para que os outros sintam pena. Ou será alguém metido a exibir-se como superastro inatingível, olhando do alto do seu orgulho o resto dos pobres mortais? Quem sabe, você está atualmente no fundo do poço, isolado de si e da humanidade, vivendo a escuridão total da depressão? Pode suceder que você seja irritadiço, insuportável, chato, intratável!

Chega de pintar quadros negativos, porque acredito que você seja pessoa alegre, cordial, feliz, agradável, cheia de vida, positiva e otimista.

Lembro-me do que disse Dale Carnegie, (1888-1955), famoso escritor e orador norte-americano de autoajuda: "Sentir pena de si mesmo e de sua situação não só é desperdício de energia, como talvez o pior hábito da sua vida."

Mude de atitude agora mesmo.

Antes do mais, desfaça-se das marcas negativas do passado. Já foi falado até demais sobre isso.

Escreva num papel seus defeitos, falhas, desgraças, azares, fracassos, prejuízos, sofrimentos, frustrações, negativismo, autodesprezo e, em seguida, coloque o papel no fogo, com a certeza interior de que acabou de exterminar para sempre esses males e essa imagem péssima que fazia de si mesmo. Queimou, acabou, morreu a criatura envelhecida, desgastada e feia, que existia em você. E você renasceu.

CRIE NOVA IMAGEM

É imprescindível que você tenha nova visão de si.

Crie, desde já, sua nova imagem, aquela imagem que faz com que você goste de si e se sinta bem consigo mesmo.

Relacione as qualidades das pessoas de sucesso que gostaria que fizessem parte da sua personalidade. Some mais as qualidades e valores que adoraria que fossem seus atributos pessoais. Assim, já está construindo sua nova imagem.

Agora relaxe e imagine seu corpo, sua mente, seu coração, sua saúde, sua residência, seu carro, seu empreendimento, seus relacionamentos, seu estado de espírito, seu mundo de felicidade e sucesso, suas qualidades, sua atitude, seus valores, seu charme e seu estilo pessoal.

Imaginou?

Pronto, já criou sua nova autoimagem.

Este é o melhor milagre que poderia realizar na vida. E realizou-o. Outros mais acontecerão. Porque você pode.

O poder é acionado pelo pensamento e a imagem é a forma mais forte de pensar.

Repita muitas vezes por dia que agora gosta de si, do seu corpo, do seu jeito de ser, de sua maneira de agir, do seu altoastral, de suas atitudes.

Visualize com frequência essa imagem maravilhosa que fez de si mesmo.

Você cria tudo que conseguir imaginar.

Pratique essa nova realidade vivencial. A repetição forma o hábito.

Essa nova personalidade é sua grife.

11

Expresse sucesso

É necessário ser sucesso, mas também é importante parecer sucesso, como é fundamental expressar sucesso. Este sentimento global irradia-se sobre os outros, formando halo favorável, capaz de atrair belos e ótimos relacionamentos.

Tenha em mente que há gente demais falando de crise. Seja você uma ilha ensolarada. Fale o idioma do otimismo. Encontre o lado bom de tudo. Sorria complacente diante dos arrazoados sobre o caos do mundo e ponha um pouco de luz na escuridão, pontuando tantas coisas lindas, positivas, benéficas e prósperas. Mostre que, seja como for, a vida vale a pena e a felicidade mora no interior de cada um.

Para quem não para de se lamuriar, vire o disco, sugerindo que, apesar de tudo, sempre sobra o melhor da vida, que é o amor, o sexo, a felicidade, o esporte, o sol, as estrelas, os divertimentos, o riso, a amizade, a beleza das flores, o encanto da natureza, a emoção de ouvir o cantor preferido, ou um clássico musical. Ao expressar sucesso, estará fortalecendo suas raízes positivas.

12

A melhor receita para o sucesso

Se você pertence ao grupo que pretende alcançar sucesso a qualquer preço, inclusive desgastando-se e chegando ao nível péssimo do estresse, reflita um pouco: ao invés de desfrutar os estados naturais de vida, percorrer seus caminhos em plena forma, irradiando bom humor e autoconfiança, terá que apelar para soníferos, calmantes, estimulantes, excitantes, euforizantes, e todos os "antes" que a indústria farmacêutica inventar para mascarar seu problema.

O homem de sucesso equilibra sua vida de forma a dormir bem, passar o dia alegremente e agir dentro das condições saudáveis do organismo. Para isso, intercale trabalho com descanso, agitação com calma, excitação com relax, ofensas e prejuízos com meditação sobre tolerância e autoestima, tensão com distensão, seriedade com riso, sedentarismo com caminhada e exercícios, compromissos com prazer, atividades com lazer, cidade com natureza, tempo de serviço com férias, semana de trabalho com fim de semana aprazível e relaxante.

Sinta e goze o sucesso de cada dia, de cada etapa, de cada objetivo alcançado, mantendo animada expectativa do êxito futuro.

Ocupe-se na realização das suas metas, mas sem se preocupar. Preocupação é o mais prejudicial equívoco das pessoas, porque gera tensões, que produzem hipertensões, que culminam em úlceras e enfartes. Além disso, as preocupações causam estresse, que evolui para a depressão, que acaba por roubar a alegria de viver. Aja na vida, com calma, alegria, e a fé de quem sabe que o Poder Divino e a Sabedoria Infinita o conduzirão decisivamente ao sucesso. Para quem tem fé que tudo pode, todos os caminhos levarão ao sucesso. Preocupação é descaminho. Aliás, como escreveu Jim Fiebig, a preocupação é a imaginação no lugar errado.

Um belo ingrediente da receita de sucesso é cultivar personalidade cativante.

Tenha sempre a crença de que você é pessoa genial, inteligente, cheia de dons, capaz, com imensas qualidades, benquista, agradável, positiva.

James W. Newman escreveu: "Você é uma pessoa extremamente valiosa, digna, importante, embora nas atuais circunstâncias possa estar se sentindo o contrário."

Não deixe que as aparências obscureçam sua verdadeira realidade.

Cultive personalidade cativante.

Uma personalidade contagiante sabe escutar. Pare, olhe, sorria e escute. Você tem uma boca e dois ouvidos, então ouça duas vezes mais do que fala.

Uma pesquisa da década de noventa indicou que

um executivo industrial emprega: 9% do tempo, escrevendo; 30% do tempo, lendo; e 45% do tempo, ouvindo.

Num mundo onde tantos querem falar, reclamar, lamuriar-se, chamar a atenção, aparecer - ouvir se torna excepcional qualidade. Ouça tranquila e complacentemente os outros.

Tenha boa capacidade de comunicação. Seja agradável na conversa. Consiga expressar-se claramente, resumidamente, sem tomar muito tempo dos outros.

Como dizem popularmente, não seja um mala. Mala é a pessoa que está sempre pendurada nos outros. Analise seu comportamento neste sentido, veja se está invadindo a privacidade dos amigos, repare se está se tornando inconveniente.

Jamais passe a terceiros segredos que lhe foram confiados por pessoas em razão da intimidade, da amizade ou do ofício. Mesmo que venha a se romper a amizade ou o contrato, tenha caráter. Cuidado com o efeito bumerangue. Por outro lado, deixe de contar segredos se quer evitar que venham à tona. Há um velho ditado que diz que um amigo é um amigo até o dia em que deixa de ser. Se brigaram, o chantagista pode pretender prejudicá-lo revelando seus segredos. Em boca fechada não entram moscas - aprendi de criança.

****

Impiedosa falta de caráter
é botar a boca no trombone,
porque houve separação
ou rompimento de contrato.
Evite o efeito bumerangue.

****

Seja correto, coerente, verdadeiro. Sua educação, sua crença religiosa, sua sabedoria interior, sua honestidade aprendida dos pais, estejam acima das mesquinharias que suas emoções impulsivas queiram despejar.

Aja, exterior e interiormente, como aquela pessoa de sucesso que é ou que deseja ser.

13

Segredos do sucesso

Você conhece muita coisa sobre sucesso. Mas há alguns segredinhos que deve saber.

Quanto mais detalhes sobre a estrada que vai percorrer, tanto melhor.

Anote alguns segredinhos muito úteis:

Segredo 1 - PRODUZA MAIS E MELHOR DO QUE LHE É SOLICITADO, em troca do que lhe pagam. Se você diz: “Mostra-me a cor do dinheiro que lhe mostrarei a cor do meu trabalho”, está caindo na vala comum. Se fizer apenas o que os outros fazem, pode ser dispensado pela empresa, não fará falta. Mostre, antes de tudo, a cor do seu trabalho, realizando-o com mais produtividade do que o esperado, e você estará marcando altos pontos de sucesso. Se fizer somente o que pediram para fazer, ganhará apenas o que sempre ganhou. O segredo está no algo mais que você espontaneamente oferece, como prontificar-se para aquilo que os outros se negam, acrescentar algum tempo de serviço para produzir mais e melhor, oferecer sugestões para o melhor desempenho da tarefa, coisas assim. Sua disponibilidade fará com que o aproveitem para algo de maior grandeza e responsabilidade, que é caminho indiscutível de maior sucesso.

Segredo 2 - EVOLUA A PONTO DE FAZER JUS A UMA POSIÇÃO MAIS ALTA. Aprender, especializar-se, render mais, saber mais, nunca é tempo perdido. Pelo contrário, é o melhor caminho para progredir e subir mais. Todas as empresas procuram, de lanterna acesa em pleno dia, pessoas inteligentes, criativas, dedicadas, eficientes e eficazes. Saiba que há sempre olhos perspicazes que enxergam quando você está apto a subir mais nos escalões da empresa.

É como diz a célebre frase: "Quando o aluno está pronto, o mestre aparece."

Segredo 3 - NÃO PONHA LIMITES À SUA ASCENSÃO. Seu valor e potencial são ilimitados. Se não se sente momentaneamente em condições de assumir posto mais alto, peça para assessorar, por algum tempo, quem já está nesse cargo. Mas, jamais perca a oportunidade de progredir. Diz o velho ditado que o caminho se faz caminhando. Vá em frente. Se não experimenta, sequer pode saber se tem capacidade para tal posição. Ninguém nasceu sabendo. Para qualquer pessoa, toda ascensão é sempre novidade e desafio. Invoque a Sabedoria Infinita, alegre-se, e suba.

****

Disponha-se a aprender
com os que sabem
e a tirar proveito dos erros.
Isso é tudo.

****

Vá sempre abrindo caminho desde a fronteira daquilo que sabe para a região daquilo que desconhece. É assim que se progride. Isso é maravilhoso. Ninguém quer morar numa ponte. Faz de tudo para chegar ao outro lado. É a eterna busca de novos conhecimentos, novas experiências, novas paisagens, nova visão da vida. O desconhecimento é a potencialidade existente; o conhecimento é a clarificação da potencialidade.

Seja aventureiro de si mesmo: busque sempre novos conhecimentos, novas alturas, novos cargos, novas responsabilidades, se deseja ser sucesso. Assim chegará mais longe.

Segredo 4 - VEJA O LADO BOM DE TUDO E DE TODOS. Não basta saber e fazer. Como você não é uma ilha, normalmente estará envolto no mundo das pessoas, lidando, trabalhando, negociando, vivendo, tratando com elas. Significa que está circundado de temperamentos, personalidades, crenças, hábitos, mentalidades, formações e malformações. A maneira mais sábia de administrar esse universo é ver o lado bom de tudo e de todos, bem como irradiar positivismo, otimismo, sabedoria e alegria, com simplicidade e generosidade. Assim, todos terão prazer de estar e trabalhar com você.

Evite críticas, fofocas, segredinhos malcheirosos. Resista ao ímpeto de fazer confidências de seus segredos íntimos, entre uma cerveja e outra, porque alguém ficará com um pedaço de você, que poderá usá-lo quando menos você espera. Já falei sobre isso. Seja luz, esta é a sabedoria da convivência.

Segredo 5 - EQUILIBRE-SE FÍSICA, EMOCIONAL E ESPIRITUALMENTE. Tenha a mente arejada. Cultive crenças positivas e benéficas. Respeite as pessoas. Seja sensato. Tenha espírito de compreensão. Evite desgaste, estresse, depressão, histeria, instabilidade emocional. Dê importância ao lazer, ao descanso, ao amor, ao sol, ao bom humor, à natureza, à família, aos divertimentos.

Segredo 6 - INTERESSE-SE POR SI, POR SUA FAMÍLIA, POR SUA PROFISSÃO, PELOS COLEGAS, PELOS CLIENTES. Trate os outros como deseja ser tratado. O milagre da sabedoria está em que o seu amor nunca diminui por mais que o dê aos outros. Relacione-se bem. Isto não significa que deva fazer tudo pelos outros, em detrimento de si. O princípio da vida é que você é responsável por si, o outro por ele mesmo. Mas, em termos de sucesso, quanto mais você expandir a sua dimensão, mais abrirá o caminho do sucesso. Reserve tempo para a companheira, o companheiro; dedique-se aos filhos e participe dos eventos escolares deles, comemore aniversários, demonstre carinho; e seja cordial com os colegas de profissão, apoiando-os na medida do possível e do tempo disponível.

Segredo 7 - ATENDA AO PRINCÍPIO NÚMERO UM DO SUCESSO: ESTEBELEÇA AS SUAS METAS, a curto, médio e longo prazo. Quando você tem em vista o destino, ficará mais fácil escolher os meios para chegar lá. Lembre-se desta verdade: o Poder funciona se tem sobre o quê funcionar.

Segredo 8 – INVISTA COM SEGURANÇA RAZOÁVEL. Se fizer loucuras com compras exorbitantes, empréstimos escorchantes, projetos desatinados, ficará preocupado, estressado, temeroso. Mente negativa atrai resultados negativos. As energias que usaria para promover os negócios e alcançar sucesso, terá que as usar para apagar incêndios. Tenha bom senso. A fé remove montanhas, mas precisa ser tudo de uma só vez? Pense bem e invista com segurança. Consiga equilíbrio entre ousadia e cautela.

Segredo 9 - MOSTRE-SE. Este é um belo segredo. Só é lembrado quem é visto. Até a galinha sabe disso: bota o ovo e anuncia ao mundo. Mostre o seu trabalho, o seu produto, as suas qualidades e habilidades.

A alma do negócio deixou de ser o segredo para ser a propaganda. Quanto mais o mundo conhecer você, ou o seu produto, ou aquilo que faz, ou o que tem a oferecer, maior e mais rápido será o sucesso. Mas, seja verdadeiro. Honestidade é fundamental.

Se lhe faltam meios de usar veículos de comunicação, abra bem as portas e vitrinas, leve o produto até onde estão as pessoas, faça-se presente em lugares onde alguém possa interessar-se pelo que você tem a oferecer, espalhe folhetos explicativos, faça demonstrações, use a internet.

Segredo 10 - DELICIE O COMPRADOR. A cidade, o seu bairro, até mesmo a sua rua, podem estar inundados daquilo que você oferece ao consumidor. Mas há uma vantagem sua que ninguém tem: *você*. Os outros oferecem o produto, mas você oferece mais, porque promove o produto, você e o consumidor.

Antes de tudo, some todos os pontos positivos

a respeito do produto: qualidade, durabilidade, beleza, produtividade, rentabilidade, preço justo, utilidade, vantagens, benefícios; depois, some pontos sobre você: seja simpático, agradável, alegre, sorridente, amigo, sincero, honesto, cativante, verdadeiro, prestativo; boa apresentação de roupa; cuidados no rosto, cabelos, barba, dentes; e o terceiro aspecto muito importante: delicie o comprador, ofereça sua amizade, prontifique-se a ensinar o uso do produto, interesse-se pela criatura humana que está comprando de você, preste-lhe pequenos favores, vá verificar se o equipamento está funcionando bem, atenda-o imediatamente em caso de problemas que dizem respeito ao produto vendido, enfim dê segurança, garantia e amizade ao comprador. Com esse segredo, você manterá seus clientes e ampliará mais e mais o número dos que virão a você.

Num mundo de pressões financeiras, estresse, mau atendimento, irresponsabilidades, golpes baixos, o que o comprador quer, acima de tudo, é segurança, certeza de que o vendedor é um aliado e não um explorador. Você é tudo o que deseja o comprador. Esse segredo levará você a enorme sucesso.

Segredo 11 - TUDO CONCORRE PARA O MELHOR. A quem tem a mente ligada no sucesso, como é o seu caso, tudo concorre para uma situação melhor, na vida. Se você foi demitido, nada de se desesperar. Esse é o passo determinado pela Sabedoria Infinita para que se cumpra sua mentalização de sucesso. O Poder Divino está conduzindo você para o caminho da melhor realização dos seus ideais. Sinta-se em paz, tranquilo, abençoe tudo que aconteceu de bom até esse dia, e volte-se, com fé e entusiasmo, para a nova etapa da vida, mesmo que ainda desconheça exatamente para onde será conduzido. Pessoas que deixam o emprego enraivecidas, odiando Deus e todo mundo, praticando chantagens, abrindo processos judiciais escorchantes e incoerentes, estão fechando as portas do sucesso.

Mentalize a melhor fase da sua vida e, aconteça o que acontecer, será o caminho mais curto e mais sábio para sua autorrealização.

****

Os outros oferecem o produto.
Você promove o produto,
o consumidor e a si mesmo.

****

14

As regras do vendedor de sucesso

Todo ser humano é vendedor.

Você também, como ser humano, está sempre vendendo algo: sua imagem, sua ideia, seu produto, sua filosofia, sua religião, suas crenças, seus projetos, sua arte, sua presença, seu amor, seu sorriso, seu otimismo, seu positivismo, sua profissão, suas habilidades, seus dons, seus talentos, sua especialidade, sua voz, seu beijo, seu abraço, seu cumprimento; enfim, o que quer que você diga ou faça, está vendendo a alguém. Vender aqui significa transmitir, revelar, mostrar.

Mas, normalmente, vender significa passar algo a alguém em troca de um valor estipulado. Nesse caso, há vendedores de sucesso e outros inábeis e incompetentes. Há bons e maus vendedores.

Vender é uma arte, que exige certas habilidades.

Vender é um caminho que requer certo percurso.

Vender depende de você e do outro, por isso é essencial que se coloque não somente na sua posição como também na posição do outro.

Diz a velha sabedoria humana que todo negócio é bom quando é bom para os dois.

Emmet Fox, (1886, Irlanda - 1951, França), autor de seis livros famosos sobre espiritualidade positiva, escreveu: "O segredo da negociação bem-conduzida pode-se resumir numa frase: procura Deus em ambos os lados da mesa".

O maior vendedor é aquele que prova que o comprador está fazendo melhor negócio do que o próprio vendedor. Para tanto, precisa mostrar todas as vantagens que o comprador terá nessa aquisição.

VEJA AQUI AS REGRAS DO VENDEDOR DE SUCESSO

1) ***Conheça perfeitamente o produto.*** – É importante que você conheça bem o produto. Você tem obrigação de explicar ao comprador o que você está oferecendo. Para isso, é necessário que conheça o que vende. O conhecedor do produto transmite segurança, honestidade, confiança, seriedade, que são fatores básicos para o fechamento do negócio. Se vai vender uma roupa, saiba sobre a grife, a fama, o tipo e a qualidade do pano, se algodão puro, se linho perolado, seda natural ou sintética, se lava a seco, se encolhe, se desbota, assim por diante. Se é vendedor de carro, conheça bem o veículo para mostrar as qualidades, equipamentos, potência, sistemas computadorizados, inovações, diferenças em relação aos demais veículos do mesmo porte...

****

Coloque-se também na posição do comprador.

****

Deixe o comprador bem à vontade para examinar o produto e fazer as perguntas que julgar necessárias, porque, afinal, ele está empenhando dinheiro adquirido com suor e sacrifício.

2) ***Fale a verdade***. – Por favor, só fale a verdade ao comprador, porque você pode enganar uma ou duas vezes, mas perderá o cliente para sempre. Além disso, toda pessoa ludibriada tem ganas de contar a desgraça para todo mundo. Você pensava enriquecer na base de espertezas indevidas e os resultados a curto e médio prazo serão catastróficos. Como ensina o ditado, não venda gato por lebre.

Diga as qualidades, utilidades e vantagens que o produto realmente possui, e diga todas.

Se você acha que o produto, infelizmente, não detém as qualidades que estão sendo exigidas, ao invés de mentir procure o produto que as possua e passe a vendê-lo. Seja inteligente.

3) ***Dê ênfase aos aspectos que atraem, interessam e fascinam o cliente.*** – Para usar o exemplo do carro, existem pessoas que se interessam pelo aspecto visual: a cor, a aerodinâmica, o estilo, o efeito visual, a beleza, o diferente; outros são atraídos pelo auditivo e querem saber sobre o ruído interno, equipamentos de som, buzina, coisas assim; há aqueles que dão primazia ao conforto: espaços generosos, bancos reclináveis, estofados adequados, molejamento suave, pneus que absorvem o impacto, limpa-vidros modernos, ar-condicionado, pan-

talha contra o sol.

O cinestésico quer saber sobre sensação, emoção, solidez, quente, refrescante, duro, fraco, pressão, suavidade, frescor.

Existem os que se empolgam com o arrojo, o diferente, a potência, a velocidade, o barulho, o contraditório, o fantástico, o exorbitante, o chocante.

Se eu for comprar um carro, por exemplo, e o vendedor se esbalda em elogiar a potência e a velocidade do veículo, não vai me sensibilizar, porque prezo mais o conforto, a beleza, a segurança e a originalidade do modelo.

Procure conhecer o que entusiasma o comprador e não aquilo que empolga particularmente você. É lógico que a soma de todas as qualidades, sob todos os aspectos, será fator vigoroso para a venda, mas sempre há que ver o gosto especial do comprador.

Na loja de vestuário, se o cliente gosta de roupas claras, você está perdendo tempo em mostrar-lhe roupas escuras, por mais famosas que sejam.

É bastante comum ser oferecido ao outro algo que representa apenas o gosto do vendedor.

Já tem acontecido, por exemplo, alguém oferecer ao amigo visitante um churrasco daqueles, sem dar-se conta de que o homem tem hábitos contrários ao consumo de carne.

Estude um pouco de psicologia para saber o que interessa e atrai mais o comprador. Por via das dúvidas, descreva todas as qualidades do produto e se detenha naquelas que chamam a atenção do cliente.

Não despreze as qualidades do produto valorizadas pelo cliente, senão ele o mandará às favas, como se dizia antigamente.

4) ***Saliente aquele algo mais.*** Levando em consideração produtos similares, mostre as vantagens que seu produto oferece. Assinale aquele algo mais que seu produto contém e que poderá pesar favoravelmente na venda. Pode ser, se for o caso, a qualidade, a resistência, a durabilidade, a economia, o conforto, os recursos, a tecnologia, a automatização, menor consumo de eletricidade, a rapidez de tempo, o melhor rendimento, a facilidade de assistência, a reposição de peças, os lucros que o comprador vai auferir, o prestígio, a admiração dos outros, a facilidade de pagamento, o preço mais barato, assim por diante. Como vendedor, você precisa provar que o comprador terá vantagens em fazer este negócio com você. Mas, seja verdadeiro, volto a insistir.

Quando for vender, pense no comprador. Coloque-se na pele dele.

Há certos vendedores que, literalmente, fazem de tudo para impingir o produto, mentem pelos cotovelos, visando unicamente a sua comissão.

Talvez o comprador pergunte: "Por que eu devo comprar o seu produto e não o outro similar, que é mais barato?"

Tenha a resposta correta e aponte as vantagens. Nem tudo que é mais barato é mais econômico. Prove que, no fim das contas, o seu produto acaba sendo mais barato que os similares, porque, por exemplo, é mais econômico, tem mais durabilidade, produz mais e melhor em menos tempo, dá status, etc.

Trate o outro como se o outro fosse você.

5) ***Nunca pense que perdeu tempo e dinheiro.*** – Há hora de semear, hora de cultivar, hora de colher e hora de usufruir. Assim são os seus contatos com os clientes. Mesmo que ele, ao cabo de duas horas, entenda que

não deva comprar, contenha-se, deixe-o bem à vontade, sorria, ponha-se à disposição e agradeça a vinda à loja. Assim, estabeleceu uma ótima ponte para um próximo encontro. Se você for exaustivo, xarope, nunca mais encontrará esse cliente. Pode ter certeza de que ele "estará sempre viajando".

A pior atitude do vendedor é achar que perdeu tempo, se zangar, xingar, lamentar-se e ameaçar. Dará péssimo exemplo e assustará os compradores que estão à volta.

Lembre-se que você está semeando.

6) ***Dê atenção imediata e sorridente ao cliente.*** – Mesmo que esteja atendendo outra pessoa, cumprimente o cliente que chega, saiba desde logo o que ele deseja, pois, se você não tem o produto, ele não perderá tempo na espera. Se você dispõe do produto ou serviço, solicite gentilmente que aguarde um momentinho. Enquanto este primeiro cliente examina alguma coisa, leve amostras do produto solicitado pelo segundo comprador, para que aproveite o tempo fazendo verificações. Dessa maneira, você manterá este segundo cliente na sua loja, caso contrário, poderá perdê-lo. Há muitas pessoas que detestam esperar, dispõem de pouco tempo, e, se o atendimento demorar, dão meia-volta.

Já imaginou quanto dinheiro uma loja perde com os prováveis compradores que vão embora, porque não querem esperar?

Lembre-se que o tempo é precioso para todo mundo.

A pior catástrofe ocorre quando o cliente fica esperando, enquanto o vendedor permanece lá no canto do balcão, contando para o colega sua última aventura com a namorada.

Faça aos outros o que quer que façam a você – é uma regra de ouro. Já foi repetido tantas vezes.

Phillip Kotler e Gary Armstrong colocaram, no livro *Princípios de Marketing*, este texto sobre Stew Leonard: "Stew Leonard, dono de um supemercado muito lucrativo, declara que, sempre quando vê um cliente aborrecido, vê também 50 mil dólares sendo perdidos. Por quê? Porque seu cliente gasta cerca de 100 dólares por semana, compra 50 semanas por ano, e continua morando nas vizinhanças por 10 anos. Se esse cliente tiver experiência infeliz e passar a comprar em outro supermercado, Stew Leonard perderá 50 mil dólares de receita. E a perda pode ser bem maior se o cliente desapontado contar sua má experiência a outros clientes, fazendo com que abandonem seu estabelecimento". É bom refletir sobre isso.

7) ***Nada é mais importante na loja do que o cliente que acaba de entrar.*** Toda pessoa que entrar na sua loja é, nesse momento, mais importante que a empresa, que o dono da empresa, que todos os vendedores somados, que o capital empregado e que o produto a ser vendido. É verdade: sem esse cliente, (refiro-me a todos os clientes), a loja quebra, o dono afunda, os vendedores ficam na rua e a desgraça é coletiva.

Geralmente, o empresário faz cursos, participa de congressos de vendas e liderança, vai em busca das mais recentes estratégias de negócios, ausculta o mercado, mas nada disso chega a quem deveria receber todos esses conhecimentos: o vendedor, o balconista, o caixa, o empacotador. Esses são a alma e a vida da empresa. Dê atenção total a eles, ensine-os e substitua os que comprometem a eficiência e a competência. Há balconistas que, se você paga para ficarem em casa, estará ganhando dinheiro. São uma negação ao quadrado.

Conforme o tipo do seu negócio, ofereça alguma satisfação ao cliente que terá de aguardar. Por exemplo, passe-lhe o jornal, ou a última revista, ou convide-o a ler o jornalzinho interno com as promoções do mês, ou ligue televisão para entretê-lo, ou ofereça-lhe um cafezinho, um chá.

Você faz questão de promover seu produto, apostando na qualidade, no visual, no preço, na tecnologia, mas é muito provável que o vizinho esteja oferecendo a mesma coisa, com as mesmas condições. Qual será seu algo mais? *Encantar o seu cliente.* Acontece que deliciar o cliente é estratégia já conhecida e aplicada por toda parte.

Há um algo mais? Sim. O passo que hoje as empresas mais atualizadas dão, é este: *buscar o sucesso do cliente.* Significa que, além do bom produto, do bom preço, do bom atendimento, a empresa fará todo empenho para que o cliente tenha sucesso com o produto adquirido. Por exemplo, se comprou um trator, receberá todas as informações necessárias, as instruções para o bom funcionamento da máquina, telefonará para saber se está tudo bem, irá até a casa do cliente se forem necessárias maiores instruções. Cliente atendido dessa maneira, será cliente fiel. Essa recomendação foi colocada também em outro momento desse livro. Mas, cabe aqui também, e serve principalmente para os que lerem apenas este capítulo.

8) ***Negócio não é ato de caridade.*** Seu problema pessoal, ou sua situação financeira, não tem nada a ver com o negócio que pretende entabular com um cliente. Jamais argumente que o cliente deve comprar seu produto para ajudar a pagar as dívidas que você tem.

Se você disser: "Compre, porque estou passando necessidade", ele poderá responder: "Deixarei de comprar, porque também tenho minhas necessidades." Este tipo de abordagem é horroroso em termos de negócio.

O cliente vai comprar porque o produto é ótimo, com preço ótimo, e satisfaz plenamente suas necessidades.

****

Se você agradar o cliente, ele vai preferi-lo aos outros vendedores.

****

9) Seja pontual na visita ao cliente. – Cumpra sempre o que promete. Chegue na hora combinada. Leve o que disse que ia levar. Mostre o que foi solicitado.

Lembre-se que ninguém tem tempo a perder. Só use o tempo que for indispensável. Acerte o melhor horário para o cliente.

Se, por qualquer circunstância, for impossível cumprir o estipulado, avise com antecedência e desculpe-se.

10) ***Seja confiável e otimista.*** – Para cada tipo de negócio há uma imagem que deve ser passada ao comprador. Esteja de acordo com essa imagem. Acima de tudo, seja asseado, elegante, sorridente, positivo, otimista. Evite falar em crise, falta de dinheiro, negócios parados, depressão, retração, porque estará espantando o cliente.

Seja a imagem do sucesso, e sutilmente você passará ao outro a ideia de que o seu produto é de sucesso.

Se você for confiável, otimista e positivo, o cliente se sentirá mais seguro em fazer o negócio, principalmente se envolve muito dinheiro.

11) ***Adore o que faz.*** – É inconcebível você realizar um trabalho em que esteja desarmonizado com ele. Pior ainda é vender algo que detesta. Mesmo que se empenhe sinceramente, sua irradiação será de repulsa.

Dedique-se a vender o que gosta, aprecia e acredita. Se for o caso, use o produto. Quando você mesmo está se servindo do produto que vende, é uma maravilha! As pessoas sentem o prazer e o valor que você dá ao produto e isso facilita enormemente o negócio.

Se você não está sintonizado com o negócio, ou o produto, analise-o sob todos os aspectos a fim de encontrar aquele algo que goste. Crie pontos de referência entre seu gosto e algumas qualidades ou nuances do produto. Uma roupa, por exemplo, pode ser analisada pela moda, pelo corte, pela arte, pelo estilo, pelo efeito visual, pelo realce à beleza do cliente, pela grife, pela alegria do comprador, pela comissão que proporcionará ao vendedor, pelos lucros da empresa, pelo salário que redundará no fim do mês, pelo progresso que causa à fábrica, pelos empregos que gera, assim por diante. Se nada disso superar a sua aversão pelo negócio, ou produto, estressar-se-á, entrará em depressão e não terá sucesso. O melhor caminho, neste caso, é buscar a atividade com a qual se afine, que lhe satisfaça, que torne gratificante o seu viver.

12) ***Mentalize***. – Todas as manhãs, antes de iniciar o seu dia, concentre-se no secreto de si mesmo e visualize-se feliz, saudável e bem-sucedido na sua atividade. Harmonize-se consigo, com a família, com diretores e colegas, com a empresa e os produtos, com as pessoas que encontrará na jornada do dia. Irradie amor, paz, felicidade, bem-estar, prosperidade, saúde. Veja-se radiante, bem-humorado, simpático, cercado de tantos

compradores, e vendendo, vendendo, para sua alegria e dos clientes. Entre em estado de excitação e entusiasmo. E agradeça. “Porque todas as coisas estão prontas quando a mente o está” – dizia Shakespeare.

15

Crie a sua marca pessoal

Há duas maneiras especiais de buscar o sucesso: uma, imitando os que têm êxito; outra, sendo original. No primeiro caso, você entende que pensando, agindo e fazendo exatamente como os bem-sucedidos, será como eles. Então, copia tudo, torna-se papel-carbono do seu herói, põe em prática o mesmo projeto, usa o mesmo estilo e monta o mesmo empreendimento.

Ocorre que o outro é o outro e você é você.

O outro foi sucesso porque realizou, com sabedoria, amor, entusiasmo e dons pessoais, seu próprio projeto de vida. Se você o imita, inclusive montando o mesmo tipo de negócio, estará se desviando da sua rota para ser o que é o outro. Estará querendo assumir o mesmo ideal, o mesmo temperamento, a mesma personalidade, as mesmas aptidões e gostos, os mesmos sentimentos e emoções e a mesma visão empresarial. É isso possível? Assim, estará deixando de ser você para se tornar o outro. Esta atitude é complicada, difícil, cansativa, estressante, desajustada e esquisita, porque, ao invés de procurar seu prazer pessoal, está querendo adquirir o prazer do outro. Ao invés de fazer o seu caminho, estará percorrendo o caminho do outro.

Digamos que o outro enriqueceu através de farmácia. Você vai também abrir uma farmácia igual, com o mesmo logotipo, o mesmo slogan, tudo igual. Só que o outro adora o negócio e você quer apenas imitá-lo para ter o mesmo sucesso, embora goste, de fato, de relojoaria.

Lembre-se que alcançar êxito deteriorando o nível de vida é péssimo negócio, resultando em estresse e algum tipo de enfermidade. Se você, por exemplo, quer ser cantor de sucesso e trata de imitar o Roberto Carlos, nas vestes, nos cabelos, na voz, no timbre, nas canções, no ritmo, no microfone, nos gestos, no canto, nas músicas, nas letras das canções, no riso, ao invés de colher sucesso, colherá o desagrado de ser tido como plagiador, xarope, incompetente, usurpador. Imitar algumas qualidades universais e que têm significado na sua personalidade é outra coisa.

****

Seja original e atrairá a atenção e curiosidade dos outros.

****

Pois bem, o segundo caminho é o mais adequado: de tudo que você viu, ouviu, leu e aprendeu, recolhe os princípios universais do sucesso e coloca-os em prática, aplicando-os ao seu próprio empreendimento.

Há qualidades de homens bem-sucedidos que são essenciais a todos os que buscam o sucesso, como a alegria, a mente positiva, o otimismo, o entusiasmo, a fé, a coerência entre o pensar e o fazer, a criatividade, a persistência, a honestidade, a curiosidade, a especialização, a prática. Esses valores você faz bem em incorporá-los ao seu modo de ser e de agir.

Para efeito de treinamento e de fortalecimento de uma ideia, pode até começar imitando, principalmente naquilo que acende o seu entusiasmo. Em seguida, busque a sua própria identidade, porque nela está o caminho do seu sucesso.

O mundo precisa da sua marca pessoal, porque o espaço de sucesso do outro já está preenchido.

Somente percorrendo seu próprio caminho você se realizará e acrescentará algo de especial à humanidade.

É claro que se você deseja ser cantor, seja cantor. O que estou dizendo é que não seja Roberto Carlos, porque este espaço já está ocupado.

****

Percorra o seu caminho e não o dos outros.

****

Se você quer ter livraria, pois este é seu sonho, seu prazer, sua especialização, monte livraria. O que dará errado é você, cujo sonho é ser médico, montar uma livraria igualzinha à do Pedro, porque ele tem sucesso.

Há indivíduos que têm olho grande mas inteligência pequena: correm atrás dos negócios bem-sucedidos dos outros e acabam se dando mal, porque o outro é o outro e eles são eles. Se, por coincidência, ambos têm sonhos semelhantes, tudo bem, senão, tudo mal.

Não seja mero imitador barato.

Crie seu estilo pessoal.

Descubra sua marca original.

Se é negócio, ponha nele o seu jeito, o seu slogan, seu logotipo, sua originalidade. Faça a diferença.

Se você mesmo é o seu próprio produto (cantor, orador, locutor, conferencista, pregador, etc) crie estilo próprio. Evite, porém, estilo que desmereça sua imagem de sucesso ou cause repúdio do público, porque colherá o contrário do que pretende. Tem gente capaz de pendurar uma melancia no pescoço para chamar a atenção. Dá resultado?

Ouse ser diferente, simpática e positivamente diferente.

Crie ideias próprias e use-as em primeira mão.

Se descobriu uma nova verdade, mostre-a, mesmo sob tempestades de contestação. Se esconder sua invenção, sua novidade, sua verdade, por temer a oposição, ou ter receio de ser ridicularizado ou combatido, estará prestando um desserviço à humanidade.

O conhecido escritor irlandês Bernard Shaw, (1856-1950), dramaturgo, Prêmio Nobel de Literatura em 1925, escreveu: "Todas as grandes verdades começam como blasfêmias".

Li, certa vez, de Arthur Schopenhauer, filósofo alemão, (1788-1860), o seguinte: "Toda verdade passa por três etapas: primeiro, ela é ridicularizada. Depois, é violentamente antagonizada. Por último, é aceita universalmente como autoevidente."

Seja original, ponha em ação seu espírito inventivo, porque então você estará trilhando seu próprio caminho.

A originalidade deve nascer de dentro para fora e não só de fora para dentro.

****

Seja original. Crie seu estilo pessoal.

****

16

Sucesso com felicidade

Sucesso sem felicidade é corpo sem alma.

Sucesso com felicidade é plenitude.

Guardei essa frase, que vi na Internet, não sei o autor: "Existem pessoas tão pobres que só o que têm é dinheiro".

Sucesso, repetindo, é alcançar objetivos positivos por meios positivos, no tempo determinado.

Buda dizia que a felicidade está na isenção de desejos, porque, segundo ele, o desejo gera ansiedade, inquietação, frustração, que são fatores mentais desfavoráveis à paz interior. A intenção do grande espiritualista é boa, porém o argumento é equivocado. Não são os desejos que causam inquietação, frustração, ansiedade, mas os pensamentos de inquietação, frustração e ansiedade incutidos nos desejos.

O desejo é a substância do progresso, da criatividade, do sucesso, da produtividade, da invenção, do bem-estar, da saúde, da felicidade, da paz de espírito, da compaixão, do amor, do casamento, da fraternidade.

O mundo teve início por um desejo de Deus.

Os desejos cheios de fé são tranquilos, alegres, infalíveis, portanto jamais afetarão a paz de espírito.

Sucesso com felicidade é a dobradinha inseparável. E é o sonho de todo ser humano.

Se você é feliz, buscará o sucesso sem deteriorar o momento existencial, pois felicidade é sentir-se bem consigo mesmo, com a humanidade, com o universo e com Deus.

****

Sucesso e felicidade
fundidos plenificam a vida.

****

17

Sucesso com saúde

Alcançar sucesso com prejuízo da saúde é péssimo negócio.

Colocar no ringue o sucesso contra a saúde é idiotice.

Pretender conciliar sucesso com doença é o mesmo que tentar a amizade do fogo com a pólvora: explode tudo.

Saúde é qualidade do sucesso. Obter resultados ao preço da saúde deixa de ser sucesso.

Muita gente, no entanto, vai à luta, sem descanso e sem trégua, queimando todos os cartuchos, emendando dia e noite, na expectativa de chegar logo ao território benfazejo do sucesso. Errou o caminho.

O sucesso só é perfeito com saúde.

Alcançar o resultado sem poder usufruí-lo é frustração.

Mas, é possível atingir o sucesso com ótima saúde?

Não só é possível como é necessário.

A única pessoa que pode alcançar sucesso com a morte é o agente funerário.

ESTRATÉGIA DO SUCESSO COM SAÚDE

Primeiramente, é bom repetir que o sucesso nunca pode estar desacompanhado da saúde. Sucesso e saúde são verso e reverso da mesma moeda.

A Medicina científica e a ciência do Poder da Mente ensinam que todos os pensamentos negativos, crenças negativas, emoções negativas, sentimentos negativos, atitudes negativas - agem sobre o cérebro levando-o a liberar hormônios maléficos, como adrenalina, cortisol e noradrenalina, que, além do mais, enfraquecem o sistema imunológico.

Pensamentos e sentimentos de raiva, ressentimentos, inveja, desespero, preocupações, tristezas, ciúme, desânimo, medo, solidão, hostilidade, competição, luta, sofrimento, depressão, agitação, agressividade, pânico - bloqueiam o sistema imunológico, predispondo o organismo às doenças. Buscar o sucesso por essas vias prejudiciais é colher enfermidades. Caminho errado.

Se vai à luta como condenado, a ferro e fogo, querendo abranger o mundo com as mãos, na garra e na marra, para chegar ao sucesso, você terá encontro desagradável com a doença. Caminho errado.

****

Corpo é energia. Ao gastá-la, deve repô-la.

****

Há pessoas que emendam o dia com a noite, se alimentam mal, bebem, fumam, usam estimulantes para aumentar a resistência física e mental, e se esquecem da necessidade de refazer as energias gastas. Neste caso, o corpo vai combalindo, envelhece prematuramente e, na hora de festejar o sucesso, a energia sumiu. Caminho errado.

Invocando novamente a Medicina, também é verdade científica que pensamentos, sentimentos, atitudes, crenças, sugestões, hábitos e situações positivas, atuam sobre o cérebro, levando-o a liberar hormônios altamente benéficos, como a endorfina, a oxitocina, a dopamina. Essas atitudes fortalecem o sistema de defesa do organismo, robustecendo a saúde.

É o que acontece com a pessoa alegre, feliz, agradável, positiva, otimista, sorridente, cheia de fé, autoconfiante, corajosa, idealista, entusiasta, altoastral, animada, irradiante, amorosa.

A pessoa de sucesso é saudável, porque vivencia as qualidades citadas e mantém atitudes positivas.

Sem dúvida, há momentos em que se faz necessário queimar altas doses de energia, colocar o organismo em vigorosa tensão, enfrentar aguerridamente uma situação perigosa ou urgente, mas são situações e não uma forma de vida. Você, no caso, pode estar tenso, mas não é tenso. Passado o episódio inusitado, volta ao equilíbrio mental e físico, se quer manter a saúde.

O médico e escritor John Schindler, em sua obra *Como Viver 365 Dias Por Ano,* diz que as emoções negativas produzem verdadeira devastação no organismo, ao passo que as emoções positivas trazem benefícios tão grandes à saúde, que ele nunca viu resultado igual em nenhuma droga ou conjunto de drogas do seu conhecimento.

Existem cinco formas naturais saudáveis de recuperar as energias desgastadas pelas atividades físicas e mentais: o sono reparador (sem comprimidos); o relax;

a dieta saudável; a alegria; e o lazer.

Aproveite até mesmo pequenos espaços de tempo para cochilar ou para relaxar. Pode ser no seu gabinete de trabalho. Penso que o industrial, o lojista, o profissional inteligente, deveria instalar uma pequena salinha privativa para seus momentos de descanso.

Lembre-se que a calma é a virtude dos bons negócios, porque melhora a capacidade de decisão. Então, relaxe. Ocupe alguns minutinhos para penetrar suavemente o seu mundo interior e sentir-se envolvido pela alegria e pela paz.

Assim como depois da tempestade vem a bonança e depois do dia vem a noite, procure alternar tensões com relax, agitação com calma, pressa com vagar, trabalho com descanso, estado de vigília com sono, seriedade com alegria, sacrifício com prazer.

E mantenha o hábito de uma dieta saudável.

****

O sono, o relax, a dieta,
a alegria e o lazer,
são maneiras
naturais de repor energias.

****

Já falei bastante sobre o valor terapêutico da alegria. Está comprovado pelos psiconeuroimunologistas Lee Berk, William Fry, e outros, que o riso é uma preciosidade para a saúde: facilita a digestão, relaxa os músculos, dilata as artérias, torna a pele corada, dá brilho aos olhos, oxigena o cérebro e os demais órgãos, acaba com o estresse, a depressão, a angústia, e previne problemas cardíacos, além de fortalecer a imunidade. Não é à toa que a sabedoria humana diz que rir é o melhor remédio.

São, ainda, fatores de saúde: a caminhada, a diversão, o lazer, a ginástica, o esporte adequado, a natureza, a dança, o sexo, a praia, o montanhismo, porque restauram energias, baixam o colesterol nocivo (LDL), aumentam o bom colesterol (HDL), equilibram o funcionamento do organismo, e fazem o cérebro liberar endorfina, dopamina, oxitocina, hormônios que produzem bem-estar. Como o cérebro se comunica com o sistema imunológico, e vice-versa, essas atitudes revigoram a imunidade.

Por último, aproveite o sol, (nas horas benéficas), porque sua luz sobre os olhos estimula o cérebro a liberar serotonina, hormônio que previne a depressão. Além disso, baixa o colesterol nocivo transformando-o em vitamina D, reduz o açúcar do sangue e baixa a pressão.

Tenha sucesso com saúde.

Tenha saúde com sucesso.

Aí está a sabedoria da vida.

18

Sucesso com amor

Existe uma crença de que amor é incompatível com sucesso: Feliz nos negócios - infeliz no amor. Confundiram a regra com a exceção. A regra é ser feliz no amor e ter sucesso. Todos desejam isso. É tão regra geral que a imprensa se abstém de noticiar pessoas exitosas nos negócios e no amor, para criar manchetes sobre os famosos infelizes no amor.

Amor é necessidade vital. Amor é essência, desamor é alienação.

Antes de tudo, amor por si mesmo e comunhão de amor com todo universo.

A vida é amor. Viver é amar.

Seja amor. Ser amor é sentir o prazer de existir. Essa energia produz um halo em torno de você, que atrai amizades, convites, companhias, e garante sucesso.

Abandone a ideia de que o amor atrapalha o seu sucesso. Há pessoas que imaginam que amar é perder o precioso tempo que deveriam dar à realização das metas ambicionadas. O tempo dedicado ao amor, pensam, se fosse empregado na empresa ou no projeto, renderia mais dinheiro, mais progresso e mais sucesso. É assim que muitos deixam o amor para depois. Para esses, as conversas, em qualquer lugar e com qualquer pessoa, giram em torno de cifras, de fatos ocorridos no seu pequeno mundo, de cursos, entrevistas, livros sobre empreendimento e estratégias de mercado, viagens de negócios, contatos, coisas assim. Como os outros não têm, normalmente, entusiasmo e interesse por sua empresa e por sua especialização, você acaba se tornando pessoa mais ou menos suportável. Será que todos estão interessados em saber sobre sua empresa? Se alguém se aproxima atraído por um sentimento amoroso, vai tolerar sua conversa até certo ponto, depois dará um jeitinho de partir para outro arraial. Saiba que há momentos em que é importante relaxar, sorrir, falar de coisas aprazíveis e sentir o envolvimento da simpatia, da empatia e da atração mental, sensual e sexual. Tem hora para tudo. Não seja instrumento de uma nota só. Faz-me lembrar o que escreveu o poeta e pregador inglês John Donne, (1572-1631), sobre uma mulher: "Pelo amor de Deus, cale a boca. Deixe-me amá-la."

Pode ser que seja essa a causa da infelicidade no amor de tanta gente de alta posição no mundo econômico, artístico e social.

Pois bem, busque o sucesso na vida, na riqueza e no amor também. Para tanto, reinvente-se, imagine-se uma pessoa amorosa, romântica, simpática, tranquila, em paz, capaz de desfrutar horas de conversas sobre intimidades, sensibilidades, abrindo mais as dimensões das suas ideias sobre a vida, o mundo, a alegria, a natureza, as coisas boas em geral.

Quando está curtindo a companhia de alguém,

fale amenidades, assuntos agradáveis aos dois, de interesse de ambos, solte-se, sorria, expresse carinho, gentilezas, simpatia.

Quando em rodas amigas, se mulher, seja alegre, atenciosa, sorridente, agradável, simples, afável, capaz de seguir a conversa do grupo. Se alguém da roda balançou o seu coração, estenda o olhar, sorria, seja acolhedora, mostre o seu prazer de estar com aquela companhia, mas nada de espalhafato, insistência descarada, porque, em primeiro lugar, você está numa roda de pessoas; em segundo lugar, o outro pode querer preservar-se em público. Em outro momento, volte a conversar com seu eleito e fazê-lo sentir que gostou muito dele. Se ele não avançar, tudo bem. Se curtirem apenas essa oportunidade, tudo bem. Não esquente a cabeça. Não seja daquelas que correm o tempo todo à caça de marido porque, nesse caso, é melhor colocar um cartaz no pescoço: "Procuro marido. Tenho pressa".

****

**Seja sucesso na vida,
na riqueza e no amor.**

****

Circule em lugares onde você vai encontrar pessoas cujo nível de vida, de crenças, de status, se conciliem com seu modo de ser e com sua busca.

Diz o velho ditado que quem é visto é lembrado. Apareça.

Se é pessoa tímida, ou ansiosa, ou sem autoestima, mentalize: "Eu sou alegre, feliz, bonita, elegante, de ótima aparência, simpática, de conversa agradável e fluente. Minha fisionomia, meu corpo, meus cabelos, minha roupa, formam um conjunto que me torna atraente e querida. Sou sorridente e deixo aberta a porta do meu coração para as pessoas que eu gosto e que gostam de mim. Estou atraindo bons amigos e, principalmente, o Amor da minha vida. Assim é e assim será".

Se você é do sexo masculino, seja simpático, bem-humorado, agradável, positivo, otimista, boa cabeça, educado, atencioso, participe das conversas em rodas amigas, saiba um pouco de tudo e não apenas meia dúzia de gírias e lugares-comuns. Seja sorridente, já que o sorriso é a distância mais curta entre as pessoas.

Se, no grupo, na roda de conversa, na reunião social, no banquete, na festa, na recepção, alguém tocou seu coração, dê, sem exageros, mais atenção a essa pessoa, sorria, elogie, aproxime-se, dialogue, convide para qualquer coisa por aí, escute com atenção o que ela fala e, sem ser importuno, mostre que gosta de estar com ela.

Se estão só os dois juntos, pode começar elogiando um detalhe, uma qualidade dela. Pode até começar com assuntos que estão empolgando sua vida profissional no momento, mas não seja exaustivo, porque vai perder a amiga. Mude de conversa para assuntos de interesse de ambos e vá abrindo seu coração, sua sensibilidade, sugerindo pelos olhos, gestos, posição, palavras, conforme as situações se oferecerem, dando a ver e sentir o quanto você está gostando dela.

Se é tímido, existem gestos sutis que dão a entender, sem você se expor. Por exemplo: olhares especiais, tocar, ao natural, a pessoa seguidas vezes. A linguagem corporal fala também: mover-se com certas insinuações, sorrir espontaneamente, posições corporais expressivas, mexer e brincar com os cabelos, molhar os lábios com a ponta da língua, e outras atitudes da moda, além do caminho direto através de palavras explícitas. Afinal, se você emite opinião sobre tudo e sobre todos, por que não dá a sua opinião sobre o interesse que a pessoa despertou em você, sua emoção, o carinho que tem por ela, a vontade de acariciar. O máximo que pode acontecer é um não que, para sua confusão total, pode significar não e pode significar sim.

****

Aprenda a vencer a timidez e
será sucesso no amor.

****

Esses gestos e atitudes insinuantes também valem para ela, quando quer dizer algo ao homem.

Resumindo, dedique-se também a cultivar o amor, o prazer da convivência, porque essas experiências lhe serão gratificantes, já que trazem alegria, boas lembranças, experiência, amizades e, possivelmente, casamento.

****

Lembre-se que o amor dá um toque
mágico à vida,
rejuvenesce o corpo e a alma,
libera tensões,
produz belo círculo de amizades
e abre caminho para um casamento
bem-sucedido.

****

Para concluir, cito algumas palavras escritas por Sanaya Roman e Duane Packer: "Dê às pessoas tanto amor quanto puder. Seja gentil e bondoso, fale palavras amorosas, perdoe os que não o respeitarem, e tenha pensamentos amorosos em relação às outras pessoas, e respeite-se em tudo o que você faz. Não julgue nem critique. Em vez disso, em todos os momentos encontre uma nova oportunidade de amor. Lembre-se: é fácil ser amoroso quando se está cercado de pessoas amorosas; o desafio é ser amoroso quando as pessoas à sua volta não o são. Ao tratar os outros com amor e compaixão, você atrai oportunidades, dinheiro, pessoas, milagres e, até mesmo, amor. O amor o coloca num fluxo superior e atrai coisas boas até você. Ao abrir o seu coração em novas áreas, você torna-se magnético para uma abundância e um bem cada vez maiores." (Criando Dinheiro e Prosperidade).

****

Ame-se, ame
e irradie amor.

****

Amor atrai amor.

O semelhante atrai o semelhante – é Lei da mente.

Ame-se, ame e irradie amor.

Assim, será pessoa de sucesso nos negócios, na vida e no amor.

19

Sucesso com Deus

A quinhentos metros do Pico do Everest, há um senhor com fama de "resolve-tudo". Qualquer pessoa, com problema de dinheiro, de doença, de amor, casamento, namoro, separação, divórcio, filhos, negócios falindo, crises existenciais, fracassos, desgosto da vida, e o mais que se possa imaginar, é só ir ter com esse guru e tudo fica solucionado a contento, pouco importa o tamanho da desgraça. Ele é milagreiro mesmo. Comprovadamente. Nada que ele não dê jeito.

Fui lá e ele, sorrindo, me disse:

- Não precisava ter vindo até aqui. Você pode encontrar-me em qualquer lugar.

- Como assim?! – franzi os sobrolhos.

- Vou contar-lhe um segredo: eu estou lá onde você vive, estou nas pétalas das flores, no gorjeio dos passarinhos, nas ondas do mar, na suavidade dos lagos, na poesia do pôr-do-sol, na delícia das frutas, na alegria do vinho, no sabor das comidas, na energia do sol, na imensidão das estrelas, na esteira prateada do luar. Sim, permita-me continuar, você me encontrará também no coração do ser humano, nos sentimentos de amor, no brilho dos olhos, na efervescência da felicidade, no poder da palavra, nas células do corpo...

- Mas, isso é coisa de Deus! – reclamei, decepcionado.

- Pois, eu sou Deus. Estou aqui no Everest, no polo norte, nas profundezas do oceano, em cada continente, em cada lugarejo. Acima de tudo, estou com você e em você. E digo mais: seguidamente as pessoas conversam comigo, mas ficam repetindo as mesmas coisas como se eu fosse um mongoloide.

Fiquei perplexo:

- Pelo que dizes, és banco financeiro, és remédio, cura, cabide de soluções, és arruma-casamentos, és luz para os desamparados, vida para os decaídos, dinheiro para os miseráveis, felicidade para os deprimidos, salvação para os que tentam suicídio. És tudo isso?

- Tudo. Já disse, eu sou Deus. Eu sou seu sucesso, sua resposta, seu apoio, seu poder, sua sabedoria. Muita gente perdeu o rumo, quebra a cabeça buscando outros poderes, ou se desespera como se eu não existisse. Há tantos indivíduos que vivem falando meu nome, mas tudo da boca pra fora. Fico me perguntando quando é que finalmente dar-se-ão conta de que eu existo realmente, sou o Pai que a todos ama e a tudo provê. Às vezes, veja só, até os crentes, os que me colocam no trono do altar e cantam e rezam e me louvam, no fundo agem como autômatos, repetindo mecanicamente o que fizeram os avós e os pais. Gostaria de chegar a cada um e perguntar, a queima roupa, diretamente, sem rodeios:

- Afinal, diga logo, eu existo ou não existo?

Tomei para mim a questão e disse-lhe:

- Se eu fosse responder que Deus não existe, teria

que acreditar que, jogando setenta bilhões de letras para o ar, elas pudessem cair em forma de enciclopédia!

- Então, por que não me invocam com fé, acreditando que posso resolver todos os problemas?

- Também gostaria de saber – respondi-lhe.

- Diga para essa gente que nas horas boas e nas horas difíceis, assim como nas horas impossíveis, estou sempre sentado aí no gabinete do coração de cada um para ouvir e atender.

- Nesse caso, posso escrever que tu és a garantia de sucesso em tudo?

- Sem dúvida. Está na hora de apelarem para mim como um filho o faz com o pai, e eu responderei como um pai que tudo faz pelo filho. Quem não quer dinheiro, casa, riqueza, sucesso, amor, alegria, felicidade, amizades, carinho, compreensão, prazer, saúde, sono tranquilo, paz de espírito, segurança, proteção? Não está você escrevendo sobre sucesso? É bom que saibam que eu sou o sucesso, mesmo quando todas as tentativas e esforços humanos falharem.

- Foi bom dizeres isso, porque há uma legião imensa de gente que pensa que és apenas decoração de altares, nada mais.

- Eu sei e vou lhe dar um exemplo, que serve para toda humanidade: quando foi construído o navio Titanic, o consideraram uma obra-prima humana, fruto do mais acabado avanço tecnológico. Ao ser inaugurado, uma repórter indagou ao construtor: "O que o senhor tem a dizer para a imprensa a respeito da segurança do seu navio?" E o homem, do alto da sua empáfia, respondeu: "Minha filha, nem se Deus quiser ele tomba o meu navio". Todos sabem o que aconteceu: na sua viagem inaugural ocorreu o maior naufrágio de um navio de passageiros. Mas, eu não estou aqui para destruir nada, o que acontece de ruim é obra humana. Criei o homem por amor e continuo junto de cada um para consertar o que está mal e ajudá-lo a ser e ter sucesso em tudo.

20

Agora você é sucesso

A suprema aspiração da criatura humana é não só *ter* sucesso, mas *ser* sucesso.

Ter sucesso é alcançar positivamente algum objetivo.

Ser sucesso é plenificar exitosamente todas as dimensões da vida. É o máximo. É alcançar o melhor no todo. Envolve o ser, o ter, o fazer e o viver.

O dinâmico empreendedor Stew Leonard, dono de uma rede de supermercados, disse, certa vez: "acredito que sucesso é você ser o melhor de si mesmo."

Para que você seja sucesso, cuide dos seguintes aspectos:

1) Clarifique os seus sonhos existenciais, acredite neles, e caminhe para a realização deles, com uma certeza imbatível.

2) Conserve sempre a mente positiva, alegre, otimista e bem-humorada. Veja somente o lado bom de tudo e de todos. Levante bem-disposto e passe o dia

confiante.

3) Seja feliz aqui e agora, isto é, sinta-se bem consigo mesmo, com a humanidade, com o universo e com Deus.

4) Cultive sua dimensão espiritual, praticando uma religião nobre, positiva e benéfica. Ligue-se no Deus que é amor, paz, felicidade, bondade, justiça, generosidade, poder, sabedoria, perfeição, saúde e abundância infinita. Respeite a religião dos outros, mas só pratique crenças que elevem seu espírito e engrandeçam a sua presença na terra, fortalecendo a fraternidade humana.

5) Guarde equilíbrio emocional. Resista aos invejosos, maldosos e desonestos, oferecendo-lhes o sorriso da condescendência. O sorriso é elo de ouro que liga as pessoas. Use e abuse dele.

6) Compreenda a situação dos outros.

7) Cuide de sua saúde. Esteja em boa forma, pleno de energia.

8) Durma bem, nas horas necessárias, com sono natural e saudável.

9) Tenha boa capacidade de comunicação.

10) Seja calmo, atencioso, sorridente, benévolo.

11) Seja honesto, justo e correto nos negócios e na vida.

12) Ame-se, ame, e sinta-se amado. Amor é luz, é energia, é saúde, é bem-estar. O amor libera endorfina, produz alegria, fortalece o sistema imunológico, restabelece a saúde e a juventude.

13) Seja asseado, limpo, e se vista segundo a sua imagem de sucesso.

14) Tenha a sua residência ao estilo do seu padrão de sucesso.

15) Use um carro que seja símbolo do seu sucesso.

16) Faça parte de clubes em que conviverá com

pessoas de sucesso. A convivência ajuda a criar hábitos, aprender muita coisa, e gerar vínculos de proveitoso relacionamento.

17) Cultive a simplicidade, a boa vontade, o respeito e a consideração para com todas as pessoas, independentemente da escala social. Não permita que a fumaça do sucesso suba à cabeça. Nada pior do que ser acusado de ter o rei na barriga.

18) Atualize-se. Evolua com o mundo. Participe de seminários, palestras, e sirva-se dos Meios de Comunicação para acompanhar o progresso e as mudanças da humanidade.

19) Perdoe sempre. A si mesmo e aos outros. Jamais carregue os males do passado, sejam os que você cometeu ou os que os outros praticaram contra você. Passado é passado. Perdoar é desligar o mal que se fixou na mente. É necessidade vital para sua saúde, alegria e bem-estar.

20) Pratique, o mais que puder, a vida ao ar livre: caminhadas, ginástica, natação, praia, sol, montanhismo, trilhas ecológicas, futebol, tênis, vôlei, basquete, ou outros esportes, de acordo com a idade, o estado de saúde e a indicação médica.

21) Anote o aniversário de pessoas amigas, colaboradores, benfeitores, familiares, assim como também das pessoas com as quais negocia e às quais deve gentilezas. Um cartão ou email é método fácil.

22) Pratique voz agradável, risada de bom efeito social, sem exageros ou afetação.

23) Transmita bom humor e descontração. Evite, porém, piadas que desmereçam os outros, que ridicularizem religião ou partido político, que menosprezem defeitos físicos de alguém, que expressem racismo, porque são chistes de mau gosto e criarão constrangimentos

ou inimizades. Trate o outro como se o outro fosse você.

24) Acredite em si, na vida, na economia, na humanidade, na evolução, num mundo cada vez melhor.

25) Por fim, onde quer que esteja, faça o que fizer, seja qual for a situação, acredite que a vida é uma festa, aconteça o que acontecer.

AGORA TUDO É SUCESSO

Parabéns, você acaba de ingressar na fase mais bonita e grandiosa da sua vida.

Seus caminhos estão abertos, ensolarados, floridos, perfumados, asfaltados.

Você está cheio de energias, positivo, otimista, confiante.

Suas metas são excitantes.

O entusiasmo explode fogos de artifício no seu coração.

Sua fé é capaz de transpor montanhas.

Suas manhãs são vívidas e cheias de belas expectativas.

Seus dias são uma caminhada festiva.

Seu mundo é fascinante.

Suas certezas são absolutas e imbatíveis.

Seu sorriso, nascido na mente, vivificado no coração e irradiado no corpo, é o seu reino dos céus.

Seu Poder criador tudo lhe alcança.

Sua Sabedoria interior o conduz com segurança.

O sucesso é seu destino infalível.

Sua vida é sucesso.

Você é sucesso.

Parabéns!

Fim

ÍNDICE

CAPÍTULO 3

A VIA DO SUCESSO / 72

CAPÍTULO 4

OS SETE PASSOS DO SUCESSO / 90

LIVROS COMPLEMENTARES PARA O SEU SUCESSO

Lauro Trevisan

Investir em livros é chegar na frente e viver melhor. Veja aqui algumas obras que, com certeza, abrirão mais ainda seus horizontes e darão consistência à sua caminhada de sucessos.

Viver Sem Estresse

Lançada em 2009, esta obra ajuda a compreender como você fará sua caminhada sem cair no estresse. Mostra que cada impulso exige energia, mas há um limite, além do qual se torna estresse, a mãe das enfermidades que atingem o ser humano. Viver é essencial. E viver é desfrutar a vida enquanto enriquece. Acompanha o livro o cartão *CONTROLE DO STRESS*. Importado dos EUA, você pode saber, a qualquer momento, se está tenso, estressado, normal ou ótimo. Também faz parte do livro um CD com 7 breves mentalizações antiestresse e uma mais longa para liberar as tensões e deixar a pessoa leve, tranquila e feliz. (221 p.)

A Chave do Maior Segredo do Mundo

Você leu muito sobre O Segredo, que fala da Lei da Atração. O segredo é o poder de transformar o pensamento em realidade física. Desde 1980, venho falando deste segredo. Mas, este livro aborda o fundamental: a chave do segredo. Não adianta ter um carro se não sabe como funciona. O que é que faz funcionar o poder existente na criatura humana? Por que uns conseguem, outros não? O livro apresenta, de forma clara e simples, a chave do segredo, ou seja, a fórmula para fazer funcionar o poder do ser humano. É fundamental ler esse livro. (246 p.)

O Poder Infinito da Sua Mente2

Em 1980, escrevi o livro O Poder Infinito da Sua Mente, que alcançou a tiragem de mais de milhão de exemplares e realizou maravilhas em muita gente. Já nesse livro eu falava da descoberta do segredo, tanto que na primeira página registrei: *"E ser-lhe-á dado conhecer o segredo que vai transformar seus sonhos em realidade"*. Vinte e três anos depois, escrevi *"O Poder Infinito da Sua Mente2"*, contendo o resultado de pesquisas, estudos e experiências que comprovaram o que constava no primeiro livro. É como a enciclopédia do Poder da Mente. Um livro imprescindível a toda pessoa que deseja ser feliz, alegre, desfrutar a vida, ter saúde e abundância material. (367 p.)

Você Tem o Poder de Alcançar Riquezas

Escrita e reescrita, esta obra ensina o caminho direto para a pessoa colher abundância e prosperidade. Afasta da mente as crenças negativas sobre riqueza. Mostra que Deus é o maior rico e fez as riquezas para todos os seus filhos. Delas, somos os legítimos herdeiros. Diz a bíblia: *"A bênção do Senhor dá a riqueza e não a faz seguir de sofrimento"*. Como fará você para recolher a parcela de riquezas que deseja? Esse é o conteúdo do livro. Saiba que pensar, acreditar e agir é igual a ter.(232 p.)

Faça Sua Vida Dar Certo

Há certos momentos na vida em que parece que dá tudo errado. Se você quer ter sucesso, ser feliz, próspero e realizar seus sonhos, recomendo a leitura desse livro. Pode tanto ler quanto ouvir o livro, pois erá um CD em que discorro sobre o conteúdo. É muito gostoso ouvi-lo nas viagens. Às vezes, as coisas não dão certo e você se queda perplexo, sem saber o que fazer. Pois bem, esta obra iluminará sua mente e oferecerá novas perspectivas maravilhosas para que sua vida resulte bem em todos os sentidos.(174 p.)

Sete Passos Para Dar a Volta Por Cima

Às vezes, a vida oferece cálices amargos, fracassos, doenças, frustrações, separações, incompreensões dolorosas, depressões. Com culpa ou sem culpa, muitos caem no fundo do poço, outros se desesperam, outros afundam psiquicamente, tanto que pensam em acabar com a vida, como se essa fosse a solução. Neste livro, levo o leitor a percorrer sete passos para sair de uma situação triste e chegar, no sétimo, ao melhor patamar da vida, onde brilha o sol do amor, da felicidade, da autoconfiança, da saúde, do altoastral e da prosperidade. Lembre-se que só existe o problema porque existe a solução. (166 p.)

Pode Quem Pensa que Pode

Você é o que pensa. Para onde pendem seus pensamentos e suas crenças, para lá penderá sua vida. Custou um pouco as pessoas se darem conta de que nós somos o que pensamos. Essa é uma das mais importantes descobertas, embora seja tão simples. Aliás, por ser simples é que certas pessoas cultas acham que essa afirmação está fora da realidade. Já a sabedoria milenar da bíblia ensina:*"Pois ele é tal qual seus pensamentos"*. O profeta Davi disse:*"Aquilo que o homem pensa com todo fervor aquilo ele é"*. Se você pensa que pode, pode e irá em frente; se pensa que não pode, dá de ombros no mesmo instante e nada fará. Por aqui você já vê a importância da leitura desse livro. (119 p.)

Sem Pensamento Positivo Não Há Solução

Este é um livro que ensina que a solução de qualquer coisa ou situação só ocorre quando a pessoa muda os padrões de pensamentos e passa a encarar o problema de forma positiva. Pensando negativamente é impossível resolver o que quer que seja. Entretanto, as pessoas têm a tendência de mergulhar no negativismo e no pessimismo diante de situações difíceis ou desastrosas. Toda árvore má só pode produzir frutos maus - ensinava Jesus. Leia, nesta obra, a maneira como mudará as fixações negativas e criará ideias novas, otimismo, força interior e fé, para chegar à solução do que quer que seja. (184 p.)